もっと自分を知って好きになる！

POSITIVE

ポジティブ
大全

一般社団法人ポジティブ心理カウンセラー協会 代表

徳吉陽河

SOGO HOREI Publishing Co., Ltd

はじめに

　なかなか「希望」が見いだせない現代社会ですが、「絶望」とされた1990年後半に生まれた「ポジティブ心理学」や「ポジティブ心理療法」に基づいて、私は「希望」を見いだし、「強み」を発揮できる人を増やすことを目指してきました。私自身も幼少期からネガティブな傾向があり、そんな自分を変えたいという思いで学んできました。そして幸い、これまでの探究活動を通して、たとえネガティブであっても前向きな知識や技術は習得できることがわかったのです。

　今では、以前の私と同じような、ネガティブにとらわれてしまっている人を減らしたいという思いのもと活動しています。たとえば、教育・就労・産業・福祉・医療機関などでも、自己肯定感が低く、コミュニケーションが苦手であり、自分らしい「強み」を発揮できない人から相談を受け、さまざまな研修をさせていただきました。

　どんな時代でも、困難なことに立ち向かう必要のある局面が出てきます。そんなときのために、たとえ「ネガティブ」であっても、「あるがまま」に受け止めて、ネガティブやトラウマさえも「強み」にできる人が少しでも増えてほしいと願い、執筆したのが本書です。

　本書には、「ストレングス（強み）」について、ポジティブ心理学やポジティブ心理療法を中心に、脳科学、行動遺伝学、行動経済学、キャリア心理学などの、有用な知識や技法を含んでいます。また、本文と巻末には、独自に研究してきた心理テス

トのワークを掲載しました。自己理解と自己成長に役立つこと
と思います。

　ネガティブになりやすい方はもちろん、「ポジティブな人」
や支援者の方にも、「強み」を生かすヒントとして本書を役立
てていただければ幸いです。

　たとえば、個人の方なら、自己肯定感が低いけれども自分ら
しく人生を生きたい人や、自分の強みを知って生かしたいと思
っている人、自分の才能や専門性を発掘して開発したいと思っ
ている人、強みを活用してネガティブやトラウマの対処をした
い人、ポジティブ心理学やポジティブ心理療法に興味がある人
に。

　支援者の方なら、支援者として他者の「強み」を発揮できる
ようにしたいと考えている人や、「ウェルビーイング（幸福）」
の向上を目指している職場のリーダー、「自己肯定感」の向上
や「強み」の成長を支援しているカウンセラーやコーチ、講師、
子どもの強みを発見し、伸ばしていきたいと考えている親や教
師などにおすすめです。

　本書は、どこから読んでいただいても構いません。強みを生
かしていくための知識や方法、ノウハウをしっかりと習得して
ください。

　それでは、私と一緒に「強み」を生かして、自分らしく活動
するための「旅」にでかけましょう。

も く じ

Chapter4 ストレングスを生活に生かす

【付録】ストレングス・チェック（心理テスト）…… 244

編集協力／佐藤セイ
装丁デザイン／別府拓（Q.design）
本文デザイン・図表・DTP／横内俊彦
校正／池田研一

ポジティブと
ストレングス(強み)の関係

ポジティブと
ストレングス（強み）とは？

・・・・・・・・・・・・・・・・・・・・・・・・・・・・・・・・・・

▎ネガティブをなくせば幸福か？

「なぜ自分は言いたいことが言えないんだ……」「あの上司さえいなければ楽なのに……」など、自分自身や周囲の環境にある「ネガティブなもの」をなくしたいと願う人は少なくありません。

　そんなニーズに応えるように、ネガティブなものを物理的・心理的になくす方法をまとめた本が、書店に数多く並べられています。それらの本は、気にしない・捨てる・受け流す・切り替えるなど、あらゆる方法で「ネガティブをなくそう」「ネガティブなものから離れよう」と訴えかけています。

　ネガティブなものをいかになくすかというのは、実はこれまでの心理療法でも重視されてきたテーマです。

　心理療法の始まりは19世紀にオーストリアの精神科医ジークムント・フロイトが創始した「精神分析」です。精神分析の理論はとても難解なので、フロイトが考えた「心理的な症状が生まれるメカニズム」を、できるだけ簡単にご説明したいと思います。

　急な来客時に、押し入れにモノを詰め込んで、その場をしの

いだことはありませんか？　それと同じように、私たちはネガティブな気持ちを心の押し入れに詰め込み、その場をしのぐことがあります。

しかし、しっかりと気持ちを整理する時間を取らないまま次から次へと詰め込むと、心の押し入れがいっぱいになり、やがて扉は壊れてしまいます。その結果、ネガティブな気持ちは雪崩（なだれ）のように溢（あふ）れ出し、コントロールできない「症状」となってしまうのです。

そこで、フロイトは「ネガティブなものを抑え込まず、自由に出てこられるようにすれば、症状が解消するのではないか」と考えました。そして、頭に浮かんだ感情や欲求を隠すことなくそのまま話すよう求める、「自由連想」という治療法を生み出したのです。

そして、精神分析の後に登場した「認知行動療法」では、ネガティブな考え方こそが苦しみの原因であるとしました。「他の人だったらどう考えるだろう？」と別の考え方を一緒に探したり、「あなたのネガティブな予想は当たるだろうか？」と試してみたりする中で、自分が恐れているほどネガティブなことは起こらないと体感してもらえば、苦しみを和らげられると考えたのです。

アプローチは異なりますが、精神分析も認知行動療法も、ネガティブなものに注目し、なくそうとする点では同じです。

このようにネガティブなものをなくして悩みを解決しようとするアプローチを、「ギャップアプローチ」と言います。「正常／

健康」とされる状態と、ネガティブな現状とのギャップを埋めることで、心や体の回復を図ります。

「ネガティブなものがなくなるのはとてもよいことだ」と思う人もいるかもしれません。「苦しい」「しんどい」と感じるような出来事は、誰だって少ない方がいいでしょう。しかし、少し立ち止まって考えてみてください。私たちはネガティブなことを完全になくせば、本当に幸せになれるのでしょうか。

　結論から言えば、ネガティブなものを全部なくすことを目指すと、かえって私たちは不幸になってしまいます。その最たる例が、日本社会です。

日本人はネガティブになりやすい

　日本の「社会」の仕組みも、私たちのネガティブさに拍車をかけています。日本は「みんな同じ」を大切にする集団主義社会です。自分の気持ちよりも集団の一員であること、「和を以て貴しとなす」の精神が長く受け継がれてきました。現代でも、「みんなが黙っている会議では、自分も発言しない」「自分の仕事が終わっても、他の社員の残業につき合う」など、自分の気持ちより集団に合わせることを優先する人は多く見られます。

　そもそも日本人は、遺伝的にネガティブになりやすい民族だといわれています。

　皆さんは、「セロトニン」をご存じですか？　私たちの精神を安定させる働きを持つ神経伝達物質です。セロトニンの分泌が少なくなると、抑うつや不安などネガティブな気持ちを抱えや

すくなってしまいます。

　分泌されたセロトニンの一部は効果を発揮できないまま残ってしまいます。残ったセロトニンは、「セロトニントランスポーター」というたんぱく質によって回収され、もう一度セロトニンとして分泌されます。セロトニントランスポーターは、セロトニンをリサイクルしてくれるのです（図1）。たくさんリサイクルできればできるほど、セロトニンを無駄なく有効活用でき、精神的に安定しやすくなります。

　セロトニントランスポーターを作る量を決める遺伝子は、LL型・SL型・SS型の3パターンからできています。LL型ならポジティブになりやすく、SS型ならネガティブになりやすいことが知られています。

図1　セロトニンとセロトニントランスポーター

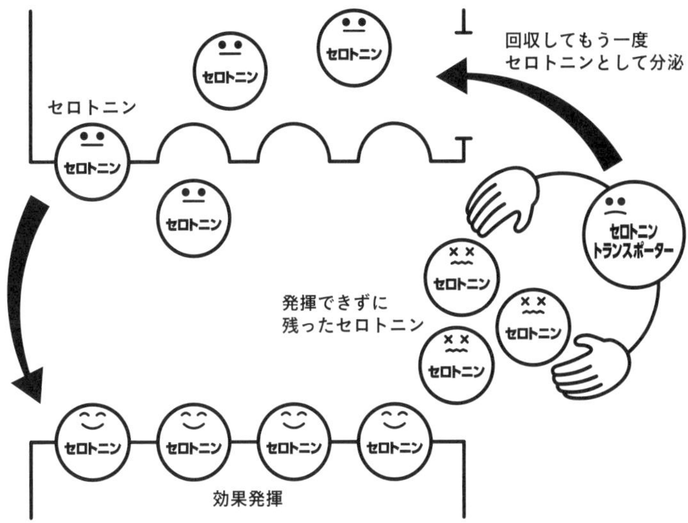

2008 年に行われた研究では、なんと日本人の約 65 ％が SS 型だと判明しました（表1）。欧米諸国における SS 型は 10 〜 30 ％なので、かなり多いことがわかります。

　一方、LL 型を持つ日本人はわずか約3％。日本人は遺伝子的に見るとネガティブになりやすく、ポジティブになりにくい民族なのです。

　このように、日本人は環境的にも遺伝的にもネガティブなものを意識しやすくなっています。もちろん、日本人がお互いのネガティブな部分を指摘し合い、集団として行動することで多くの利益を得られたのも事実です。たとえば、戦後の高度経済成長や世界屈指の治安のよさは、一人一人が「日本」という集団のネガティブな部分をなくそうと努力してきたからこそ、成

表1　セロトニントランスポーター遺伝子の割合

人種	セロトニントランスポーター遺伝子		
	LL型	SL型	SS型
日本人	3.19%	31.74%	65.07%
インド人	9.79%	43.36%	46.85%
中国人	14.29%	31.25%	54.46%
イギリス系白人	22.86%	48.57%	28.57%
ヨーロッパ人	32.08%	52.83%	15.09%
イスラエル人	32.65%	48.98%	18.37%
クロアチア人	35.23%	49.33%	15.44%
ドイツ人	35.88%	47.18%	16.94%
アフリカ系アメリカ人	54.12%	35.29%	10.59%

（Esau, Luke, et al. 2008 より一部改変）

し遂げられたことです。

　しかし、ネガティブなものを見つけては指摘し、時には排除してきた日本社会は、幸福な社会に近づいていると言えるでしょうか。

　日本では、周囲の目を気にするあまり、心の調子を崩してしまう人や、自分のネガティブな面を見せることを「恥」だと考え、誰にも相談できないまま死を選ぶ人が後を絶ちません。国連が発表した 2022 年世界幸福度ランキングでは、日本は「人生を選択する自由」や「他者への寛大さ」といった項目が特に低く、146 カ国中 54 位と、先進国の中では最低順位です。ネガティブなものを排除していく社会は、個々人の「自分らしい生き方」を見失わせ、不幸を招いてしまうのです。

　これからの人生をより自分らしく、幸せに生きていくためには、ネガティブだけでなく「ポジティブ」にもバランスよく目を向ける必要があります。しかし、ネガティブを見つけることに慣れた目は、ポジティブにはなかなか気づきません。

　少し例を挙げてみましょう。図 2 を見てください。真ん中の文字は何でしょう。もちろん「B」ですね。しかし、図 3 であればどうでしょうか？「13」に見えますね。どちらも同じ文字ですが、「アルファベット」の文脈では「B」に見えていたものが、「数字」の文脈になると「13」に見えます。どの文脈で物事を捉えるかによって、見えるものは大きく変化するのです。

　私たちは「ネガティブ」の文脈で物事を捉えることに慣れすぎていて、「ポジティブ」の文脈ではなかなか世界を見られなくなっています。

図2

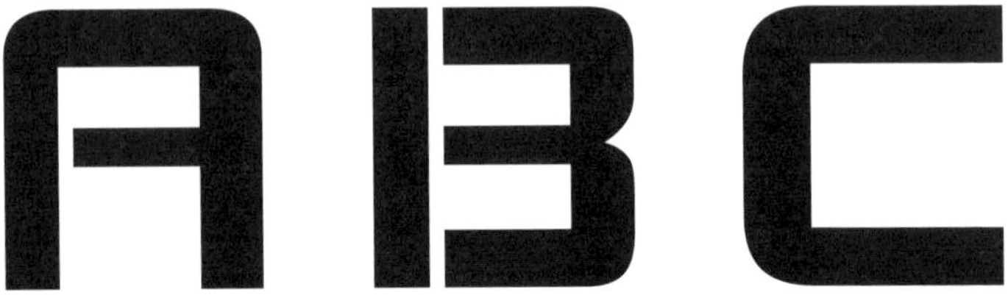

```
ABC
```

図3

```
12 13 14
```

　ポジティブなものに目を向けるために注目していただきたい
のが、本書のテーマである「ストレングス（Strength）」です。
日本語では「強み」と言います。

ストレングスの定義

「ストレングス」や「強み」という言葉は、「ポジティブ心理
学」の領域でよく用いられています。

　アメリカの心理学者、マーティン・セリグマンが創始したポ
ジティブ心理学は、自分が持つポジティブなものを伸ばすこと
で、一時的な快楽ではなく「持続的な幸福感」、「ウェルビーイン
グ」の獲得を目指す考え方です。先ほどご紹介した精神分析や

認知行動療法のように、ネガティブなものを扱うのではなく、ポジティブなものにアプローチするのが大きな特徴です。

　セリグマンは、持続的な幸福感を構成する5つの要素を提唱しました（PERMA理論）。

❶ Positive Emotion（ポジティブ感情）：前向きな気持ちや考え方を持てる
❷ Engagement or Flow（関与・没頭）：自分の強みを生かした活動に熱中、あるいは集中できる
❸ Relationship（関係性）：良好な人間関係を築ける
❹ Meaning（意味）：自分の活動や人生に意義を感じられる
❺ Accomplishment（達成）：目標を達成できる

　セリグマンは、これら5つの要素は自分のストレングスを活用することで高められていくと考えました。そのため、「自分のストレングスを知る」というプロセスを重視したのです。

　セリグマンらが2004年に発表した論文では、ストレングスは「思考、感情、行動に反映されるポジティブな特性」だと説明されています。しかし、曖昧な定義でわかりづらいため、これ以降も多くのポジティブ心理学者が「ストレングス」の定義づけを試みてきました。

　国際ポジティブ心理学会会長を務めていたリー・ウォーターズは、『ストレングス・スイッチ　子どもの「強み」を伸ばすポジティブ心理学』（光文社）において、強みの定義を次の4つの特徴から説明しています。

● 活力を与えてくれ、頻繁に活用して、いい成績が取れたりいい仕事ができたりするポジティブな特徴
● 生産的な方法によって活用することで、目標の達成と成長につながる特徴
● 持って生まれた能力と、熱心な努力によって形成される特徴
● 皆に認められるとともに、周囲の人の人生にポジティブな影響を与える特徴

　また、ライアン・ニーミックとロバート・マクグラスによる書籍『「24の性格」診断であなたの人生を取り戻す　強みの育て方』（WAVE出版）では、自分の独自性が発揮される「特徴的強み」に共通する３つの要素として、「肝心」「簡単」「活力」を挙げています。それぞれの内容を簡単にまとめると、次のようになります。

● 肝心：自分のアイデンティティの一部になっている
● 簡単：労力なく自然と発揮される
● 活力：使うことでエネルギーが増加し、気分が高揚する

　この他にも、多くのポジティブ心理学者が「ストレングス」の定義を模索してきましたが、いまだ一つに絞られてはいません。そして、正しい定義にこだわる必要もないと私は考えています。なぜなら、ストレングスを考える上で重要なのは、あなた自身の考え方や感じ方をそのまま受け入れることだからです。世間体や常識などから離れ、外から与えられた「正しさ」によって否定・抑圧されていた自分を解き放つことが、何より大切

なのです。

　それを踏まえて、あなたに質問を投げかけたいと思います。

 ## あなたにとっての「ストレングス」の定義は？

「私にとっての"ストレングス"とは何か？」と、自分に問いか
けてみましょう。

「自分を勇気づけてくれるもの」をイメージする人もいるでし
ょう。「ここぞというときに背中を押してくれる力」と定義する
人もいるかもしれません。どんな答えでも構いません。後で修
正しても大丈夫です。

　このワークでは、正しい答えを見つけるのではなく、自分の
心の声を否定することなくキャッチすることを大切にしてくだ
さい。

　あなたにとっての「ストレングス」の定義を見つけたら、先
へと進んでいきましょう。

あなたのストレングスは
何だろう？

・・・

　今度は、あなた自身の「ストレングス」を考えてみましょう。

ワーク 2 　あなたのストレングスは何ですか？

　たとえば、次のような質問を自分に投げかけてみてください。
● 他の人より得意なことは？
● 自然と上達したものは？
● やればやるほど好きになったことは？
● 熱中して取り組めるものは？
● ふと気づくと取り組んでいることは？
● 気づくと時間が過ぎ去っているような活動は？
● 他者から褒められることは？
● 他者から感謝されることは？
　自問自答する中で、自分のストレングスが見つかるかもしれません。

　今の時点で「ストレングスなんて思いつかない」「自分はできないことばかりだ」という人も、心配する必要はありません。
　私たちの心には、ネガティブな体験ほど記憶に残りやすい「ネガティビティ・バイアス」という働きがあります。ネガティブな体験の記憶は、次に同じようなネガティブな出来事に出合った

ときの対策を練るために重要な情報となるので、頭にしっかりと刻み込まれます。

　一方、ポジティブなことは当たり前になったり、あまり重要ではないと判断されたりと、記憶の隅に追いやられてしまうのです。そのため、本当は「うまくできた」「褒められた」というポジティブな体験があったとしても、思い出しにくくなることがあります。

　本書を通じて、ポジティブな体験に目を向ける習慣ができれば、ストレングスも見つけやすくなるはずです。あまり不安にならずに、次に進んでみてください。

ネガティブな面もストレングスになる

「あなたのストレングスは何ですか？」と質問されて、答えに詰まってしまった方の中には、「ネガティブな面ならいくらでも言えるのに」と感じた人もいるかもしれません。

　その「ネガティブな面」も、実はストレングスになり得ます。たとえば、新しい挑戦の前に「失敗するかも」と考えることを「心配性」と捉えれば、ネガティブな側面と言えます。しかし、失敗するリスクを減らし、安全に物事を進めるための「慎重さ」というストレングスと考えることもできるでしょう。

　私自身、高校生の頃に交通事故に遭ったことで、「運転が怖い」「車が怖い」とネガティブに感じていた時期がありました。しかし、交通事故によって安全運転を心がけ、事故のリスクを減らすことができていますし、命の尊さについても実感できました。二度と体験したくないネガティブな体験ではありますが、

図4　ルビンの壺

今の私にとっては大切なストレングスの一つとなっています。

　図４は、「ルビンの壺」と呼ばれる有名な図形です。黒い部分に注目すると「壺」に見えますが、白い部分に注目すると「２人の向き合う人」に見えます。同じものを見ていても、注目するポイントを変えるだけで、見えてくるものは変わります。ネガティブな体験も、視点を変えればストレングスになるのです。
　このように、一つの物事を多角的に見る方法を「リフレーミング」と言います。少しワークを挟んでみましょう。

ワーク 3 **「テストで悪い点を取った」というネガティブな体験を肯定的に見るとどうなりますか？**

　少し難しく感じた方もいるかもしれません。たとえば「間違えたところを勉強することで次はいい点が取れる」とか、「受験本番前に失敗できたので心の準備ができた」といった見方を思いつくかもしれません。正解・不正解はありません。自分の思考を柔軟にするつもりで取り組んでみてください。

ワーク 4 **あなたの弱みを思い浮かべてください。あなたの弱みを肯定的に見るとどうなりますか？**

　あなたがこれまでの人生でずっとネガティブに感じてきたことなので、【ワーク３】よりも見方を変えるのは難しいでしょう。

　たとえば「人と話すのが苦手」という場合、「相手を傷つけない言葉を選んでいる」という見方ができるかもしれません。「継続力がない」という弱みは、「どんどん新しいことに挑戦できる」というストレングスに変えられる可能性があります。

　弱みを見つめているうちに、心や体がしんどくなってしまうこともあり得ます。そんなときはワークを少しお休みしてください。うまくいかなくても、自分を責める必要はありません。自分を変えるために努力したことそのものに価値があるのです。今はできなくても、練習を重ねるうちに必ずできるようになります。頑張った自分をしっかり褒めて、成長した自分を大切にしましょう。

ストレングスを知るメリット

・・・・・・・・・・・・・・・・・・・・・・・・・・・・・・・・

▋ 2つのアプローチを活用できる

　これまでの心理療法は、「正常」や「健康」とされる状態と現状とのギャップを埋めていく、ギャップアプローチが主流だとお話ししました。一方、ストレングスを活用すれば、従来のギャップアプローチに加え、「ポジティブアプローチ」を行うことができます。

　ポジティブアプローチとは、個人や組織が持っている強みを見いだし、伸ばしていくことで環境に適応していくアプローチです。少しわかりにくいかもしれないので、「人前でのプレゼンが怖い」という悩みを例に挙げて説明します。

ギャップアプローチでは

　ストレングスを使ってギャップの解消を目指します。「調べるのが好き」というストレングスを持っているなら、質問されそうな項目について徹底したリサーチを行うことで怖さを解消し、正常な精神状態で発表に臨めるようにしていきます。

ポジティブアプローチでは

　「どうなりたいか」を考えます。そして「堂々と話せる自分に

なりたい」という目標ができたら、その目標を叶えるために活用できるストレングスを探していきます。たとえば、「責任感が強い」というストレングスがある人は、「この商品のよさをみんなに伝えなければ」という思いを確認すれば、堂々としたプレゼンができるかもしれません。

　ギャップアプローチとポジティブアプローチは、どちらがよくて、どちらが悪いというものではありません。どちらも大切な視点です。そのため、２つのアプローチを使えるストレングスを学べば、人生で起こる問題へ対処しやすくなります。

ストレングスが自己効力感を高める

　自己効力感（self-efficacy）は、アルバート・バンデューラが提唱した概念で、「自分ならできる」という確信を持っている感覚を示します。バンデューラは、自己効力感を高められるかどうかは、次の４つの情報源が左右すると考えました。

❶ 制御（成功）体験：自分が考えた通りに行動をコントロールし、目標を達成した体験
❷ 代理経験：他者が取り組んでいる姿を見て、「あの人ができるなら自分にもできる」「あの人より自分の方がうまくできる」と感じる体験
❸ 言語的説得：周囲の人から「あなたならできる」など応援してもらう体験
❹ 生理的情動的体験：行動によって感じた心や体の反応

ストレングスを意識できれば、これら４つを満たすのは難しいことではありません。

　これまでストレングスを生かしてさまざまな困難に立ち向かってきた経験は「制御（成功）体験」となります。ストレングスを上手に生かしている他の人のやり方を見て、「今の自分にもできる！」と感じられれば「代理経験」も満たされます。また、ストレングスを使って活躍したときにかけられた言葉を思い出せば、「言語的説得」の経験も味わいやすいかもしれません。同時に、ストレングスを活用して目標を達成したときの喜びや充実感などの「生理的情動的体験」もよみがえり、「やってみよう！」という前向きな気持ちを抱きやすくなります。

　認知症高齢者や難病者など、「できないこと／失ったもの」に目が向きがちになる人たちに対し、ストレングスに働きかけるアプローチを行うことで、自己効力感が回復したという研究結果も多々あります。ストレングスを意識すれば、新しい挑戦や大きな困難に対しても「やり遂げられる」「乗り越えられる」と自覚し、自分らしい生き方を取り戻すことができるのです。

ストレングスで自己受容できる

　自己受容（Self-Acceptance）とは、自分のいい面も悪い面も受け入れること。つまり、「自分の〇〇な部分が好き」や「××なところが嫌い」などと評価するのではなく、「今の自分はこういう状態なんだ」とそのまま受け入れることを指します。実は自分のストレングスを認めている人ほど、ありのままの自分を

受け入れられる傾向があります。

　これまでお話ししてきた通り、私たち日本人はついついネガティブな部分にばかり目を向けてしまいます。さらに日本には「謙遜」の文化もあるため、他者から褒められても「私なんて」と素直に受け入れられず、ストレングスを自覚するチャンスも逃してしまいます。

　このようにネガティブな面にばかり注目し、ポジティブな面を無視していれば、ネガティブな部分がまるで自分のすべてかのように錯覚するのは当たり前のことです。そんなネガティブな部分ばかりの自分を「これがあなたです。さぁ受け入れなさい」と言われたら、誰だって「恥ずかしい」「見たくない」と抵抗したくなるでしょう。

　しかし、実際にはネガティブな部分は、自分を構成するほんの一部でしかありません。ネガティブな部分と同じように、ストレングスも必ず存在します。自分に存在するストレングスをたくさん見つければ、ネガティブな部分の割合は相対的に小さくなっていきます。

　これまで「忍耐力がない」というネガティブな評価が100％を占めていた人が、「思いやりがある」「集中力がある」「体力には自信がある」という３つのストレングスを見つけられれば、さっきの「忍耐力がない」という評価の割合は全体の 1/4 にまで下がるのです。

　また、ストレングスを自覚できれば、ネガティブな部分を補うこともできます。「忍耐力がない」というネガティブな部分が

ある人でも、「人懐っこさ」というストレングスがあれば、「苦手な作業は他の人に頼む」などの対処法を見つけられるでしょう。対処できるなら、ネガティブな部分を過剰に嫌がる必要はなくなります。

　ここまで読んで、「自分のネガティブな部分まで受容してしまったら成長できなくなりそう」「今の自分で諦めろということ？」などの疑問を抱く方もいるかもしれません。

　そんな疑問に答えてくれる、『GIVE & TAKE「与える人」こそ成功する時代』（三笠書房）の著者アダム・グラントのツイートを引用してみましょう。

　"自己受容は自分を変えることを諦めることではありません。自己改善を諦めることでもありません。自己受容することで、自分を責めるのをやめ、よりよい人間になるために努力し続けることです。自分の肌になじむことは成長を妨げるものではありません。自分の欠点を受け止め、笑うことができれば、それを克服できます。"（著者訳）

　自己受容は成長を諦めることではなく、自分を成長させる第一歩を踏み出すことです。「どうせうまく話せないから」と他者との交流を拒み続けていれば、成長する機会は得られなくなります。しかし、自分のストレングスを見つけ、「うまく話すのは苦手だけど、自分にはストレングスがあるから大丈夫」とネガティブな部分もポジティブな部分もまるごと受け入れられれば、「ストレングスを活用して頑張ってみよう」と行動でき、自分を

Adam Grant ✓
@AdamMGrant

Self-acceptance isn't giving up on
self-improvement.

It's deciding to stop beating yourself
up for being human—and keep
working to become a better human.

Getting comfortable in your own skin
doesn't stifle growth. When you can
laugh at your faults, it's easier to
overcome them.

成長させることができます。

　ストレングスは、不安でいっぱいのあなたに「今のあなたでも十分な力がある」と語りかけ、背中をそっと押してくれるサポーターなのです。

┃ストレングスでレジリエンスも高まる

　レジリエンス（Resilience）とは、困難な出来事が起こったときに立ち直る能力を指します。日本語では「逆境力」や「精神的回復力」などと訳されています。レジリエンスが高まると、
● 抑うつ感の低減
● 幸福感の増加

● 自分の可能性を追求する意識の増大
● 自己成長のために努力する意識の増大
　などの効果があることがわかっています。

　ストレングスに焦点を当てることで、レジリエンスも高められます。たとえば、セリグマンらが2005年に発表した論文では、自分の持つストレングスを知り、1週間活用すると、6カ月先まで幸福感の増加や抑うつ感の低下などの効果を得られることがわかっています（なお、この方法については第3章の「ストレングス・ビルディング」で詳しく解説します）。
　自分のストレングスを知り、使いこなすことで多少の困難ではへこたれることなく、ポジティブな気持ちを持ち続ける、しなやかな心を育むことができるのです。

ストレングスが
なかなか見つからないとき

ストレングスは私たちの中に必ず存在しています。しかし、ストレングスについての知識や関心がないと、どんなに素晴らしいストレングスがあっても見逃し、「私にはストレングスがない」と思い込んでしまいます。

植物について無知な人は足元に咲く小さな草花を「雑草」とひとくくりにまとめ、気にも留めないまま生きていくでしょう。時には、全く気づかずに踏みつけてしまうかもしれません。しかし、植物についての知識を持ち、小さな草花であっても関心を向ける目があれば、一つ一つの植物の名前や花言葉、美しさや香りなどを楽しむことができます。

ストレングスも同じです。ストレングスについての知識を深め、自分の中にあるストレングスに関心を向ければ、自分の可能性を最大限に引き出し、人生をより豊かなものにできます。

ただし、いきなり「ストレングスに注目しろ」と言われても難しいでしょう。植物の知識は「植物図鑑」から学ぶように、ストレングスにも、知識を与えてくれる「図鑑」が必要です。そのため次章からは、ストレングスの図鑑を一緒に眺めていきましょう。

30の
ストレングス（強み）

「30のストレングス」とは

・・・・・・・・・・・・・・・・・・・・・・・・・・・・・・・・・・・・・・

　早速ストレングスの図鑑の１ページ目を開いてみましょう。

　植物図鑑の冒頭には、「どんな植物が掲載されているか」がわかる目次が用意されているように、本書でも、今からご紹介する30のストレングスを表にして並べました（表２）。

　植物は、「〇〇科〇〇属」と分類されています。たとえば、リンゴなら「バラ科リンゴ属」ですね。30のストレングスも、「依拠する学問／カテゴリ／ストレングス」で分類できます。

　この章では、まずストレングスの土台となる２つの学問「ポジティブ心理学」と、「キャリア論」について解説します。その後、各カテゴリとそのカテゴリに属するストレングスの内容を詳しく紹介します。

30のストレングスの学問的背景

ポジティブ心理学による「６つの美徳」

　ポジティブ心理学者であるクリストファー・ピーターソンとマーティン・セリグマンは、何年もかけて200冊に及ぶ宗教や哲学に関する書籍を読み込み、「人間の普遍的なストレングスとは何か」を調査しました。そして、「６つの美徳」と呼ばれる次

表2　30のストレングス

2

30
の
ス
ト
レ
ン
グ
ス
（
強
み
）

依拠する学問	カテゴリ	ストレングス	
ポジティブ心理学	知恵	1. 創造性	→44ページ
		2. 好奇心	→49ページ
		3. 学習意欲	→53ページ
		4. 柔軟な判断・思考	→56ページ
		5. 大局観	→60ページ
	勇気	6. 勇敢さ	→65ページ
		7. 忍耐力	→69ページ
		8. 誠実さ	→73ページ
		9. 熱意	→76ページ
	人間性	10. 愛情	→81ページ
		11. 親切さ	→85ページ
		12. 社会的知性	→88ページ
	正義	13. チームワーク	→94ページ
		14. 公平さ	→97ページ
		15. リーダーシップ	→101ページ
	節度	16. 寛大さ／許容	→105ページ
		17. 謙虚さ	→108ページ
		18. 思慮深さ	→113ページ
		19. 自己統制	→117ページ
	超越性	20. 審美性	→123ページ
		21. 感謝	→127ページ
		22. 希望	→133ページ
		23. ユーモア	→136ページ
		24. スピリチュアル	→140ページ
キャリア論	専門性	25. 経済力	→146ページ
		26. 資格	→149ページ
		27. 経験	→151ページ
		28. 人的ネットワーク	→154ページ
		29. 技術	→157ページ
		30. 賞	→160ページ

のカテゴリにまとめました。

● 知恵（Wisdom）
● 勇気（Courage）
● 人間性（Humanity）
● 正義（Justice）
● 節度（Temperance）
● 超越性（Transcendence）

　さらに、6つの美徳を構成する24のストレングスを、「VIA-IS（Values in Action Inventory of Strengths：強みの目録）」にまとめました。
　これら24のストレングスは、個人の内面に備わったポジティブな特性を指しており、ポジティブ心理学が目指すウェルビーイングや持続的な幸福感の土台とされ、現在も広く用いられています。

キャリア論による「専門性」のカテゴリ

　しかし、6つの美徳や24のストレングスを知るだけでは、実際にストレングスを活用する上で不十分だと私は思っています。

　たとえば、【リーダーシップ】という内面にあるストレングスを生かして事業を始めようとしても、【経済力】や【技術】というツールが手元になければ、そのストレングスを十分に発揮することはできません。同じように、【学習意欲】を生かして教師になろうと思っても、教員免許という【資格】がなければ、教師への道は阻まれてしまうでしょう。

　ツールがなければ、どんなに素晴らしいストレングスを持っていても宝の持ち腐れになってしまいます。「強みを生かすためのツールを持っていること」が、ストレングスを発揮するためには不可欠です。つまり、24のストレングスがウェルビーイングの土台だとすれば、さらにそれを支える基礎となるツールが必要だということです。

　そこで、従来の VIA-IS による6つの美徳に加え、それらを発揮するツールとなる「専門性（Specialty)」と、専門性を構成するストレングスを新たに導入しました。

　これらは、キャリア論を基に作り出された独自のカテゴリとストレングスです。詳しくは 144 ページで解説します。

自分に備わっている
美徳やストレングスは？

あなたがすでに持っている美徳やストレングスを確認するために、「ブリーフ・サスティナブル・ストレングス尺度」に取り組んでみましょう。

ブリーフ・サスティナブル・ストレングス尺度

今から30の質問を行います。それぞれの質問に対し、

　　1：全く当てはまらない
　　2：少し当てはまらない
　　3：どちらとも言えない
　　4：少し当てはまる
　　5：とても当てはまる

の5つから選んで回答してください。

迷いなく「少し当てはまる」「とても当てはまる」と回答できたものは、すでに活用できているストレングスと言えます。

また、カテゴリごとに合計点数も出してみましょう。そして、それぞれの基準値と自分の点数とを比べてみてください。「かなり高い」「高い」に該当する美徳は、他の人よりも優れている可能性があります。

【知恵の美徳】（合計：　　　）

Q01. 独自性を持ち、創造力を実際に活用できる（創造性）

Q02. さまざまなことに興味・関心を持ち、好奇心を活用できる（好奇心）

Q03. 学ぶことが好きであり、学習したことを活用できる（学習意欲）

Q04. 困難なことがあっても、経験や知識を生かして臨機応変に行動できる（柔軟な判断・思考）

Q05. さまざまな知識を持っており、知識を活用できる（大局観）

	かなり低い	低い	普通	高い	かなり高い
知恵の基準値	14以下	15〜16	17〜19	20〜21	22以上

【勇気の美徳】（合計：　　　）

Q06. 自分の信念を貫き、勇敢に行動できる（勇敢さ）

Q07. 物事は忍耐強く、最後まで終わらせることができる（忍耐力）

Q08. 物事に対して誠実に取り組み、誠実に行動できる（誠実さ）

Q09. 熱意を持って、活発的に行動できる（熱意）

	かなり低い	低い	普通	高い	かなり高い
勇気の基準値	10以下	11〜12	13〜15	16〜17	18以上

【人間性の美徳】（合計：　　　）

Q10. 他の人に愛情を与えること、他の人から愛情を受け取ることが素直にできる（愛情）

Q11. 親切な対応ができ、人が困っていたら積極的に支援できる（親切さ）

Q12. さまざまな人の気持ちが理解でき、人とのやり取りがうまくできる（社会的知性）

	かなり低い	低い	普通	高い	かなり高い
人間性の基準値	8以下	9〜10	11〜12	13	14以上

【正義の美徳】（合計：　　　）

Q13. 他人とチームを組んで活動することで、より成果を高められる（チームワーク）

Q14. フェア（公平）な精神を持って、人に接することができる（公平さ）

Q15. リーダーシップを発揮して、グループの目標達成や人間関係を調整できる（リーダーシップ）

	かなり低い	低い	普通	高い	かなり高い
正義の基準値	7以下	8〜9	10〜11	12	13以上

【節度の美徳】(合計:　　　　)

Q16. 他人の失敗に対して寛大であり、相手を許せる(寛大さ／許容)

Q17. 他人からの意見を素直に受け入れるなど、謙虚に対応できる(謙虚さ)

Q18. 物事を台無しにしないように慎重に進められる(思慮深さ)

Q19. 自分自身を統制して、最適な状況を作り出せる(自己統制)

	かなり低い	低い	普通	高い	かなり高い
節度の基準値	12以下	13〜14	15〜16	17	18以上

【超越性の美徳】(合計:　　　　)

Q20. 自然や美しさなどの本質を見極め、感動や楽しみを見いだせる(審美性)

Q21. 感謝できることに気づき、感謝を行動で示せる(感謝)

Q22. 希望を見つけ、未来に向けて希望を構築できる(希望)

Q23. 楽しいことを考え、人を楽しませることができる(ユーモア)

Q24. 瞑想や祈りをして、精神性を高められる(スピリチュアル)

	かなり低い	低い	普通	高い	かなり高い
超越性の基準値	14以下	15〜16	17〜19	20〜21	22以上

【専門性の美徳】(合計:　　　　)

Q25. 経済的に自立し、経済的な貢献ができる(経済力)

Q26. 強みとなる資格を持っており、資格を生かせる(資格)

Q27. さまざまな経験があり、経験を活用できる(経験)

Q28. さまざまな人と連携し、人脈ネットワークを生かせる(人的ネットワーク)

Q29. 専門的な技術を持っており、技術を生かせる(技術)

Q30. 優れた賞を持っており、優れた賞を生かせる(賞)

	かなり低い	低い	普通	高い	かなり高い
専門性の基準値	11以下	12〜14	15〜18	19〜20	21以上

　今回、点数が低く当てはまらないと感じたものも、これから伸ばしていくことができます。後で解説する「7つのカテゴリと30のストレングスの解説」を読み、活用できるように意識するといいでしょう。

ストレングスの眺め方ガイド

・・・

　各カテゴリとカテゴリに属するストレングスの解説に進む前に、解説の枠組みとなる「HDBモデル」と「ダークサイド」についてお話しします。

「大切にしていることは何か？」
ポジティブの基となるHDBモデル

　各カテゴリのストレングスは、心理学者ラバーテが提唱した「HDBモデル」に基づいて説明されています。HDBとは、Having、Doing、Being の頭文字を取ったものです。

HDBモデル（Having・Doing・Being）

Being　本質・あり方・価値観

Doing　行動・態度・実行

Having　資源・経験・能力

　ラバーテは、これら３つの視点から物事を捉えることで、現状を正しく認識し、目指すべきゴールへの最適なアプローチ方

法を見いだせると考えました。

　私たちは目の前のヒト・モノ・コトに対して、「何をしたか（Doing）」や「何を持っているか（Having）」で判断してしまう傾向があります。

　たとえば、資産家の男性を前にしたとき、「お金をたくさん稼いでいる」という Doing や、「財産や不動産をたくさん持っている」という Having の視点で見てしまう人は多いのではないでしょうか。

　また、自分自身に対して「〇〇ができない（Doing）」や「〇〇を持っていない（Having）」と評価し、「だから自分はダメだ」という烙印を押している人もいるかもしれません。Having や Doing は視覚化・具体化されてわかりやすいため、注意が向きやすいのです。

　しかし、Having と Doing だけに注目すると、「他者と比べて〇〇がない」とネガティブな部分に目が向きやすく、人生が苦しくなってしまいます。

　そこでラバーテは、「大切にしたいことは何か」「どんな意義を感じているか」といった、Being にも注目するように訴えかけたのです。

　Having、Doing、Being は、バランスを調整するのがベストです。

　お金や能力などに恵まれていても、全く行動しなかったり、「自分にとって何が大切か」を考えずに湯水のようにお金を使い果たしたりしていては、何も得られません。どれが欠けても満

足のいく結果は得づらくなってしまいます。

　これからお話しするストレングスについても、十分に活用するために、

● Being：ストレングスを持つ人の本質的なあり方や考え方
● Doing：ストレングスを生かした行動
● Having：ストレングスをもっと活用するための資源（知識や経験、テクニック）

という3つの視点を踏まえて解説していきます。

ダークサイド

「ストレングスは活用すればするほど幸せになれる」というわけではありません。

　たとえば、「誰にでも優しい」というストレングスを持つ人が、明らかに自分をバカにしてくる相手にもストレングスを発揮して優しく接すると、いつまでも相手からのひどい言動が繰り返され、心や体を深く傷つけられてしまうこともあります。

　このように、私たちをネガティブな方向に引き込んでしまうストレングスの側面を、「ダークサイド」と呼びます。実はこれから詳しく紹介する30のストレングスには、どれもダークサイドが存在します。

「ダークサイドがあるならストレングスなんて使いたくない」と感じるかもしれませんね。しかし、私たちはリスクのある道

具を当たり前に扱っています。たとえば、包丁は、自分や他者を傷つける可能性のある道具ですが、正しい扱い方を知り、慎重に使うことで、私たちの豊かな食生活を支えてくれています。

　リスクに関する正しい理解があれば、そこまで心配する必要はないのです。

　ストレングスについても、HDBの視点だけでなく「どんなダークサイドがあるか」「ダークサイドに陥るリスクの高い場面は？」などについて丁寧にご紹介します。ストレングスを使うときに注意すべき点を理解し、安全に使えるようになりましょう。

　さて、ここまでストレングスの注目すべきポイントをお伝えしてきました。これでストレングスについて学ぶ準備は万全です。

　次からは、各カテゴリとストレングスを詳しく解説していきます。最初から読んでもいいですし、先ほど確認した、自分に備わっているストレングスからチェックしても構いません。「30のストレングス」の表（33ページ）に、それぞれの掲載ページを記載しています。図鑑と同じように、気になるものを自由に調べてみてください。

　それでは、自分の持つストレングスの特徴を知って使いこなすために、一つ一つのストレングスをじっくり眺めていきましょう。

7つのカテゴリと30のストレングス
知恵（Wisdom）

・・・・・・・・・・・・・・・・・・・・・・・・・・・・・・・・・・・

《知恵》の美徳は、さまざまな知識を収集し、うまく活用できることについてのストレングスをまとめたカテゴリです。

「テストの成績がいい」や「学歴が高い」といった状態を、「知恵がある」と考える方もいるかもしれませんが、実は《知恵》の美徳は、IQで測定できるような頭のよさに左右されません。

　ここでの《知恵》は、「知識の習得そのものに喜びを見いだす」や「自分や他者にとって最善の方法で知識を活用することで幸せを感じる」ストレングスが備わっているかどうかが、大きく関係しているのです。

《知恵》を身につけると、自分が持っている他のストレングスをより効果的に活用できます。たとえば、【親切さ】をストレングスとして備えている人が、対人援助に関する専門的な知識を習得すれば、一般的には支援が難しい人にも手を差し伸べられるようになるでしょう。

《知恵》の美徳は、【創造性】【好奇心】【学習意欲】【柔軟な判断・思考】【大局観】の5つのストレングスから構成されています。それぞれ詳しく見ていきます。

1.創造性(Creativity)

【創造性】は、「価値のある新しいアイデア」を生み出すストレングスです。

【創造性】と聞くと、「モノづくり」をイメージする方が多いかもしれませんが、大切なのは、生み出すアイデアに「価値がある」という点です。たとえば、プラモデルを作るのが好きでも、既存の方法で組み立てているだけであれば、新たな価値を生み出しているわけではないので、「【創造性】を活用している」とは言えないのです。

しかし、組み立てたプラモデルに独自の方法で塗装を施したり、複数のプラモデルをうまく組み合わせて壮大な世界観のジオラマを作ったりするなら、それはこれまでにない価値を生み出したことにほかなりません。あなたが持つ【創造性】を活用した、ユニークな作品となるでしょう。

もちろん、【創造性】を活用できるのは、モノづくりの場面に限ったことではありません。日常生活のさまざまな場面で、【創造性】を活用するチャンスはあります。

それでは、創造性の HDB を見ていきましょう。

 Being（本質）

〈新しいアイデアを生み出すことに意義を見いだす〉

既存のアイデアに満足せず、今まで以上に優れたアイデアを探求し、新たな価値を生み出すことを大切にしています。もし、

他者から評価されなくても、【創造性】を発揮できたことで十分に満ち足りた気持ちになれるでしょう。

〈新しいアイデアによって他者に貢献することを大切にする〉

　社会に対して、新たな価値や意義を生み出すことを大切にします。自分の【創造性】によって他者に驚きや感動を与えられることも、大きな魅力だと感じています。

 Doing（行動）

〈新たなアイデアで大きな問題を解決する〉

【創造性】を持つ人は、社会課題などの大きな問題に対して、既存の常識にとらわれない新たな解決策を見いだすことができます。

　たとえば、2006年にノーベル平和賞を受賞したムハマド・ユヌス氏は、バングラデシュの貧困問題に対して、人々に少額融資を行うビジネスに取り組みました。貧困に悩む人々に物資を与えるのではなく、自らの力でお金を得るための元手を提供したのです。

　その結果、貧困問題を根底から解消するとともに、寄付金に頼らなくても持続できる支援を実現しました。このような社会課題をビジネスで解決するアイデアは「ソーシャルビジネス」と呼ばれ、いまや世界に広がっています。

　既存のアイデアに縛られない【創造性】は、大きな問題の打開策となり得るのです。

〈日常生活に新たなアイデアを導入する〉

　私たちは、日々の生活の中でも【創造性】を活用しています。たとえば、「財布を忘れる」というちょっとした困り事に対し、「いつも使うカバンにチェーンで財布をくくりつけておく」とか「玄関のわかりやすいところに財布を置いておく」などのアイデアで、解決を導き出すことができます。あるいは、「もう財布は持ち歩かない！　電子マネーだけでなんとかしよう！」と決意する人もいるかもしれません。

　【創造性】を発揮すれば、ちょっとしたイライラを解消し、生活をもっと心地よいものにできます。

 ## Having（資源をもっと活用するために）

　【創造性】は、これまでに得た経験や知識を組み合わせて、新しい仕組みやモノを作り出します。そしてそれらは、自分の人生をいいものにしたり、他者や社会に貢献したりするための資源になります。

　たとえば、貼ってはがせる付箋（ふせん）としておなじみの『ポストイット』は、接着剤の製造過程の中で、「"はがれやすい接着剤"と"しおり"を組み合わせると便利なのではないか」という【創造性】が発揮されたことで誕生した製品です。今では、私たちの暮らしに大いに貢献しています。

　また、【創造性】を育む資源としては、2018 年に行われた研究で挙げられた、次の３項目がヒントになります。

● 新しいアイデアが思いつくように、いつでも準備してい

ること
● 新しいアイデアを考えることを楽しみ、思いつかないときは
　ひと休みすること
● 新しいアイデアを考えるのをサポートしてくれる他者がい
　ること

　まずは、アイデアの素材となるような経験や知識を蓄えるこ
とが必要です。読書や映画鑑賞、マインドフルネス、運動など、
いろいろな活動に意欲的に取り組んでみましょう。
　そして、ゆったりとリラックスした時間を過ごします。お風
呂でリラックスするのもいいですし、公園を散策してもいいか
もしれません。
　「もっと必死に考えないとアイデアなんて生まれないので
は？」と思うかもしれませんが、私たちの脳には、ぼんやりし
ているときに活性化するDMN（デフォルト・モード・ネット
ワーク）と呼ばれる神経回路があります。DMNは情報を整理
する働きを持っているため、ぼーっと過ごしているうちに、お
互い無関係に見えていた知識や経験が星座のように結びつき、
新たなアイデアが生まれるのです。

　それでも、「このままでは新たなアイデアなんて思いつかない
のではないか」と焦るときもあるでしょう。そんなときにあな
たを応援してくれる【人的ネットワーク】があれば、きっと力
になってくれます。あなたを励ましてくれるかもしれませんし、
その人との対話がアイデアのヒントになることもあります。

ダークサイド（注意点）

〈新しいアイデアが異端扱いされる〉

どれだけ素晴らしいアイデアを提案しても、「新しいものは異端だ」と受け入れられないことがあります。たとえば、これまでにない魅力的な企画を考えても、「前例がないから」というだけで拒絶され、もどかしい思いを抱えることもあるでしょう。

〈他者が大切にしてきた伝統やルールを破壊する〉

あなたの新しいアイデアによって、他者がこれまで大切にしてきた伝統やルールを破壊し、不快な気持ちにさせてしまうこともあります。たとえば、友人に故郷の料理を振る舞ってもらったときに、「もっと〇〇した方がおいしいよ！」と提案すれば、友情に亀裂が入ることは間違いないでしょう。

〈一つのアイデアに集中できない〉

特にアイデアが次々に浮かぶ人は、新しいアイデアに飛びついてしまって、一つのアイデアを形にするまで集中して取り組めないことがあります。その結果、何の成果も得られないまま時間だけが過ぎてしまったり、アイデアの実現に協力してくれた他者からの信頼を失ったりしてしまいます。

これらのような【創造性】のダークサイドに陥らないためには、「他者の視点」を意識することが大切です。一方的にアイデアを売り込むのではなく、どうすれば共感や理解を得られるかを考え、工夫しながら伝えることが必要でしょう。時には、環

境が整うまで、自分の中でアイデアを温めておくことも求められるかもしれません。

　また、「この人が言うならやってみようか」と思ってもらえるように、日頃から周囲との信頼を積み上げておくことも大切です。

▌2.好奇心（Curiosity）

【好奇心】は、今までに出合ったことのない新たな経験や知識を積極的に探求するストレングスです。大切なのは、「積極的に探究する」ということ。学校で先生から教わるような、受動的なスタイルで得た経験や知識には満足できません。

【好奇心】は次の2つに分けることができます。

● 拡散的好奇心：新しい物事に興味や関心を持つ好奇心
● 特殊的好奇心：特定の物事に対して疑問が解消されるまで
　　　　　　　　追究する好奇心

【好奇心】を発揮する人は、サーチライトのように興味の対象となるモノを探し、見つけたらスポットライトを当てて、あらゆる角度から眺めるのです。

 Being（本質）

〈新しい知識や経験を得ることに価値を見いだす〉

　新しい知識を得ることに価値を見いだします。学校の授業や書籍から単なる情報として知識を得るだけでなく、積極的に経験して自分目線で理解することも大切にしています。

〈本質に迫ることに楽しさを感じる〉

　表面的な理解に留まらず、「なぜ？」という問いを重ねながら、より重要な本質の部分まで迫ることに楽しさを感じます。

 ## Doing（行動）

〈新たな発見のために行動する〉

　常に面白いものや興味の持てるものを見つけるためにアンテナを張り巡らせています。SNSで評判のお店に行ってみたり、道端で見かけた猫を追いかけてみたり……。そんなちょっとした発見を見逃しません。新たな発見のためには時間も労力も惜しまず、意欲的に行動できます。

〈物事をとことん追究する〉

　疑問を抱いたらとことん調べあげていきます。曖昧な部分が残ることを許さず、他者に質問を重ねたり、あらゆる資料を参照したりして、全貌を明らかにします。

　たとえば、「1＋1＝2」と教われば、多くの人はその数式を覚えて満足するでしょう。しかし、【好奇心】が旺盛な人は、数式を覚えるだけでは満足しません。発明王として有名なエジソンは、小学校で「1＋1＝2」と教わったものの納得できず、教師に質問を繰り返すなど、幼少期から【好奇心】を存分に発揮していました。このように表面的な理解で満足せず、とことん探究していく姿勢によって、エジソンは1000を優に超える発明品を世に送り出したのです。

Having（資源をもっと活用するために）

　スタンフォード大学教授ジョン・D・クランボルツらは、「計画された偶発性理論（Planned Happenstance Theory）」を提唱しました。成功したビジネスマンのキャリアは約8割が偶発的な出来事によって決定されているという調査結果を発表しました。さらに、成功するキャリアを形成するためには、偶発的な出来事が起きたときに確実につかみ取れるよう、日頃から計画的に準備・行動しておくことが必要だと示したのです。

　そして、そのために役立つ行動特性として、次の5つを示しました。

● 好奇心（Curiosity）：新しいことを積極的に学ぶこと
● 持続性（Persistence）：失敗してもめげずに努力を続けること
● 柔軟性（Flexibility）：自分の態度や行動などを柔軟に変えること
● 楽観性（Optimism）：チャンスは必ずやってくるし、目標も実現できると前向きに考えること
● 冒険心（Risk Taking）：リスクを恐れず行動すること

　つまり、【好奇心】を高めれば、自分をいい方向に導く偶発的出来事に出合う可能性を高め、成功するキャリア形成に一歩近づくということです。

　なお、他の行動特性も、「持続性＝【忍耐力】」「柔軟性＝【柔軟な判断・思考】」「楽観性＝【希望】」「冒険心＝【勇敢さ】」といったストレングスと重なる部分がありますが、これらについ

ての詳しい説明は後に譲ります。

　しかし、どれだけ【好奇心】に満ちていても、命綱やクッションが用意されていないバンジージャンプに挑戦したい人はいないはずです。確かな安心・安全を感じられる場所や時間を用意することで、【好奇心】を活用しやすくなります。
● ちょっとした不安や共通の話題について話せる人
● 安心感を得られるグッズの利用
● これまでにできたことを振り返る時間
　など、安心感や安全感を与えてくれる環境を整えるといいでしょう。

　ただし、どれだけ環境を整えても、あなたの心に「自分にはできない」「チャレンジは危険だ」という声が響いていれば、せっかくの【好奇心】を活用することにためらいを感じるかもしれません。そんなときは、第３章でご紹介するアプローチを試してみてください。あなたの行動を引き留める声から解放され、新しい発見に向かって心おきなく行動できるはずです。

ダークサイド（注意点）

〈窮地に立たされる可能性がある〉

　「好奇心は猫をも殺す」というイギリスのことわざがあります。
　もともと猫は、古代エジプト人から「９つの命を持つ」と信じられてきました。それほど「死ににくい生き物」「しぶとい生き物」だと認識されていたのです。このことわざは、しぶとい猫でさえ命を落としかねないほど、強すぎる【好奇心】は自分

を窮地に追い込む可能性があるということを示しています。

たとえば、「富士山頂ではどんな景色が見られるんだろう？」と思いつき、十分な準備やトレーニングをしないまま登山を開始すれば、遭難するリスクは高まります。また、友人に対して「年収はいくら？」「どんな仕事をしているの？」「結婚はまだ？」など、必要以上にプライベートに踏み込む質問を繰り返すと、相手を不快な気持ちにさせてしまうでしょう。大切な友人を失う場合もあるかもしれません。

【好奇心】のダークサイドに陥らないためには、衝動的に行動せずにひと呼吸おくことが大切です。そして、リスクを避ける方法に対しても、【好奇心】を活用してみましょう。

● 富士山へ向かうまでの準備やリスクを調べる

● 質問したいことを紙に書き、適切な内容かを検討する

● 他者が発する「不快」のサインについて学ぶ

など、【好奇心】を生かすことでリスクを減らす方法はいくらでもあります。

【社会的知性】や【思慮深さ】といったストレングスと組み合わせれば、【好奇心】のリスクを軽減しながら、より安全な形で活用することができるでしょう。

3.学習意欲(Love of Learning)

【学習意欲】は、学ぶことそのものを好むストレングスです。

【好奇心】と非常に似たストレングスですが、【好奇心】は「情報収集」を目的としている一方で、【学習意欲】は自分のものとして習得することを目指します。情報を得た上で考え、必要があればさらに調べ、自分なりに理解することを楽しむのです。

 Being（本質）

〈学習することに重きを置く〉

【学習意欲】が高い人は、学習そのものに価値を置いています。本を読んだり学校に通ったり、ドキュメンタリー映画を鑑賞したりと、自分の学びを深める機会を大切にしています。

〈新しい学びへの情熱を持ち続ける〉

　これまで学んできた分野に関する知識や理解を深めるだけでなく、新しい分野を開拓することにも喜びを感じます。

 Doing（行動）

〈学習する機会を積極的につくる〉

【学習意欲】が高い人は、
● 研修会や勉強会に参加する
● 図書館に行く
● オンラインなどで学ぶ
　など、学習する機会を積極的につくります。まとまった時間が取れないときでも、通勤電車の中で読書をしたり、運転中にラジオ英会話を聞いたりと、学ぶための努力を惜しみません。

〈これまで学んだことのない分野にも意欲的に取り組む〉

　過去に学んだことについて知識を深めるだけでなく、これまで学んだことのない新たな分野についても関心を持ち、意欲的に学びます。

 Having（資源をもっと活用するために）

【学習意欲】が高いと「学ぶことが楽しい」と感じやすく、さらに学んでいこうとする気持ちを後押ししてくれます。

　2016年に行われた子どもの学習意欲に関する調査研究では、母親が子どもと関わる時間やコミュニケーションを取る「関与」が、子どもの学習意欲にプラスの影響を及ぼすことが明らかになりました。また、大学生を対象にした別の研究では、社会の一員として暮らせている感覚が学ぶことへの動機づけにつながり、主体的に学ぶ姿勢を高めていることが示されました。
【学習意欲】を活用するには、学べる環境も大切です。「プログラミングを学びたい」と思っても、家にパソコンがなく、近くにプログラミング教室もないような環境なら、せっかくの【学習意欲】が発揮されることはないでしょう。

　つまり、

● 学ぶために必要なツールがある環境

● 社会の中で自分らしく生きることのできる環境

● 学びたいことを学べる環境

　といった資源があれば、【学習意欲】をより一層活用できるのです。

ダークサイド（注意点）

〈学習と生活のバランスが崩れる恐れがある〉

【学習意欲】が高いと、興味のあることへの学習にのめり込む
あまり、生活に必要なことを後回しにしてしまう場合がありま
す。家事や食事、仕事、対人関係など、日々の生活を営む上で
必要なことも大切にしながら、バランスよく学習するよう意識
しましょう。

〈興味のある知識だけにとらわれる可能性がある〉

　興味のある知識だけにしがみつき、新たな意見や理論を受け
入れられない危険性があります（確証バイアス）。しかし、かつ
て正しいとされていた研究が、現在では誤っていたと判明する
ことは珍しくありません。人々の努力や技術の進歩により、解
明できることが増えてきました。つまり、知識は時代に合わせ
て刷新していく必要があるのです。【柔軟な判断・思考】を活用
し、特定の知識にとらわれないよう気をつけましょう。

4. 柔軟な判断・思考 (Judgment/Critical Thinking)

【柔軟な判断・思考】は、物事を多角的に捉え、根拠となる情
報を集めた上で論理的に結論を導き出すストレングスです。し
かし、一度出した結論にこだわることはなく、必要があれば状
況に適した形に修正します。情報収集能力も高く、たくさんの
情報の中から必要なものを見つけ出し、瞬時に結論までたどり
着くことができます。

Being（本質）

〈物事を多角的に考え、判断することを大切にする〉

　メリットやデメリット、統計データ、これまでの傾向、今後の見通しなどあらゆる情報を基に、その時点で考え得る限りの最善な判断を下すことを大切にしています。

〈状況に合わせた意志決定を重視する〉

　直感や感情、経験則や常識といった情報に振り回されず、今の状況から必要な情報を集め、意思決定することを重視しています。

 Doing（行動）

〈状況に応じて最適な方法を判断し、実行できる〉

　不安や焦りなどのネガティブな感情に訴えかけるような情報やデマに振り回されず、自分自身が実際に確認した情報から、今の状況に応じた理性的な判断ができます。

　たとえば、就職や転職予定の会社について「経営状態が危ない」といった不安を煽るようなニュースがあっても、「大変だ！」と慌てることなく、自分自身で決算書類などの一次情報を確認することを優先します。そして、自分が得た情報から、今後の見通しを持った上で入社を判断するのが望ましいです。

〈ネガティブな思い込みにとらわれず自分の力を発揮できる〉

　ネガティブな思い込み（バイアス）にとらわれると、自分の力が十分に発揮できなくなります。たとえば、顔をしかめてい

る上司を見たときに「私が何かミスをしたのかも！」と思い込んだＡさんは、仕事に集中できなくなってしまい、普段ならしないようなミスをするかもしれません。一方、【柔軟な判断・思考】のストレングスを持つＢさんは、顔をしかめた上司を前にしても「取引先から難しい依頼を受けたのかもしれない」「単にお腹が痛いのかも」など、あらゆる可能性を考え、冷静に受け止めます。仕事や人間関係への支障もありません。

　これまで実施されてきたさまざまな研究でも、【柔軟な判断・思考】ができる人ほどストレス耐性が高いという結果が出ています。【柔軟な判断・思考】を生かせば、ストレスのかかった状況でも高いパフォーマンスを発揮できるのです。

 ## Having（資源をもっと活用するために）

　先ほど【好奇心】の解説でご紹介した「計画された偶発性理論」によれば、成功するキャリアをもたらす偶発的な出来事を受け止めるための行動特性として、「柔軟性」が挙げられています。つまり、【柔軟な判断・思考】のストレングスを磨けば、突然転がり込んできたチャンスにもうろたえず、冷静に受け止めることができるのです。

　また、【柔軟な判断・思考】を活用するためには、自分を飲み込もうとするネガティブな感情や思考から少し距離を置くことが大切です。たとえば、

● ネガティブな感情や思考を紙に書き出す
● ネガティブな感情や思考が雲に乗って流れていくイメージ
　を持つ

● ネガティブな感情や思考の色や形、大きさなどをイメージする

　など、視覚化したりイメージ技法を使ったりすることによって、自分の中で蠢いていた感情や思考を外に出し、客観的に眺めることができます。ネガティブな感情を少し外に出せたら、「この思考や感情は自分にとって役立つだろうか？」「別の考え方はできないだろうか？」「〇〇さんならどう考えるだろうか？」などを考えてみましょう。

　このトレーニングを繰り返せば、【柔軟な判断・思考】をさらに活用しやすくなります。第3章でご紹介する「ストレングス・ACT」も参考にしてみてください。

ダークサイド（注意点）

〈物事を必要以上に疑う〉

　限られた情報だけでは判断できず、すべての情報を集めなければ納得できない場合があります。たとえば、友人からの「このレストランはハンバーグがおいしいらしいよ」という言葉だけでは納得できずに、複数の口コミサイトで評判を調べるようなケースです。

　しかし、すべての情報を集めるのは時間も労力もかかります。また、デメリットを見つけるたびに行動するのをやめてしまっては、新しい体験も得られません。時にはクチコミ情報だけに頼らず、【好奇心】や【勇敢さ】を使い、思い切ってチャレンジすることも大切です。

〈他者に批判的・厳格的になりすぎる〉

　他者の提案や行動に対して、「どうして〇〇について考えていないの？」「デメリットを全く考えていない」などの批判を繰り返していると、あなたの周りから人がどんどん離れていってしまいます。なぜなら、人の心には「自分を認めてほしい」という承認欲求や自尊感情があるからです。どれだけあなたが正しくても、否定され、認めてもらえないのは苦しいことなのです。まずは相手の話にしっかりと耳を傾け、なぜ今の考えに至ったかを理解するよう努めましょう。また、自分の意見は次の「OK,more 法」を使ってポジティブな表現で伝えます。

　　×「君の提案はリスクが考えられていないね」
　　〇「君の提案はいいね。さらにリスクについても考えられれば、もっとよくなるよ」（OK,more 法）

　このように、【親切さ】や【社会的知性】などのストレングスを活用しながら伝え方を工夫すれば、【柔軟な判断・思考】のダークサイドに陥らず、建設的な話し合いができるはずです。

5. 大局観（Perspective）

【大局観】は、物事の全体を見据えて知恵を生かすストレングスです。まるで将棋や囲碁の盤面を眺めるように、今置かれている状況を俯瞰して捉え、必要となる助言や行動を選び取ることができます。氷山の一角に惑わされず、隠れている部分にまで目を向けるのが得意です。

Being（本質）

〈全体を見ることを大切にする〉

　小さなことにとらわれず、広い視野で物事を見ることを大切にします。たとえば、就職先を選ぶときにも、「報酬」だけでなく「社会の一員として役に立てるか」「自分の人生にいいものを与えてくれるか」「成長できるか」まで検討します。

 Doing（行動）

〈状況を全体的に把握して行動する〉

　状況を全体的に見た上で自分の知恵を生かし、必要な行動を取ることができます。たとえば、チームで活動するときには、こなさなければならないタスクを瞬時に理解するとともに、自分に求められる役割を把握できます。

〈将来まで見据えて判断できる〉

【大局観】があると、現在だけでなく未来まで見据えた行動や判断ができます。たとえば、仕事を失った人に対しては、単に就職先を斡旋するだけでなく、技術や資格取得のサポートを行えば、万が一、将来同じように失職したとしても立ち直りやすくなるでしょう。そこまで見据えた支援を行えるのが、【大局観】を持つ人たちです。

　もちろん、自分自身の人生についても理想の将来を見据えた上で、自分の知恵を生かし今何をすべきか考えて行動できます。

Having（資源をもっと活用するために）

【大局観】を活用するときには、《知恵》の美徳を構成するストレングスすべてが役に立ちます。

【創造性】は、相手に伝わりやすい言葉を見つける力になりますし、【好奇心】や【学習意欲】は、【大局観】を培うために必要な人生訓や哲学を習得するときに役立ちます。いざ問題を前にしたときには、【柔軟な判断・思考】によって情報を収集すれば、いち早く必要な行動を見つけ出すことができるでしょう。

ダークサイド（注意点）

〈部分的なプロセスを軽視する〉

物事を全体的に捉えようとするあまり、部分的なプロセスを些末なこととして軽視してしまう危険性があります。たとえば、貧困をなくすための募金活動に対して、「そんなことでは貧困問題は解決しない！　もっと歴史的背景から考えなければ！」「デモを起こして国を動かさないと！」と否定すれば、相手の気分を害してしまいますし、「大きなことを言ってはいるけど非現実的だし、結局自分は何もしないじゃないか」と思われるかもしれません。

〈物事を一般化しすぎる〉

物事を一般化するあまり、個々の事情や特性などをつかみ切れないことがあります。たとえば、職場でトラブルを抱えて悩む人に対して、「今の時代は一つの職場で定年まで勤めあげる必要はない。積極的に転職すればいい」と社会の動きを踏まえて

助言したとします。しかし、相手は「トラブルはあるけれど、職場の仲間は好きだし、できれば続けたいから相談しているのに……」と、あなたに不満を感じるかもしれません。

【大局観】のダークサイドに陥らないためには、部分的な側面にも目を向けつつ（【柔軟な判断・思考】）、相手が抱える事情や感情を理解すること（【社会的知性】）が重要です。

7つのカテゴリと30のストレングス
勇気（Courage）

● ●

《勇気》の美徳は、困難や逆境に立ち向かい、自分の目標を達成するための意志と行動に関するストレングスをまとめたカテゴリです。

《勇気》の美徳を持つ人は、

● リスクを恐れず思い切って挑戦できる行動力

● ネガティブな感情や考えに惑わされない意志力

  の2つを備えています。

行動力

　リスクを過剰に恐れない一方で、過小評価することもありません。客観的な視点でリスクを評価し、できるだけ小さく抑えられるように準備をしたり、万が一の事態に備えた対策を練ったりと、うまくつき合うために行動していきます。

　なお、リスクに対して何の準備もせずに飛び込んでいくのは、勇気ではなくただ無謀なだけです。リスクに立ち向かえるように準備をした上でチャレンジするのが、勇気です。この2つの違いはよく覚えておきましょう。

意志力

　私たちの心には、変化を受け入れず、今の安定した状態を保とうとする「現状維持バイアス」が働いています。自分の心や

64

体を守るための大切な機能なのですが、新たな挑戦を阻む壁にもなっています。新しいことにチャレンジしようとすると、「どうせ無理」「失敗したら終わり」といった心の声が、私たちを現状に押し留めようとするのです。

　しかし、勇気の美徳を活用できる人は、そんな声に惑わされません。自分自身の熱い思いを見つめ直し、気持ちを奮い立たせることができます。

　行動力と意志力のどちらが欠けていても、《勇気》は発揮しづらくなります。行動力があっても意志力が弱いと、途中で挫折しやすくなります。一方、意志力が高くてもリスクを恐れて行動できなければ、勇気を示すことはできません。

　両方をバランスよく磨いていくことが大切なのです。

《勇気》は、【勇敢さ】【忍耐力】【誠実さ】【熱意】の４つのストレングスで構成されています。どのストレングスも意志力・行動力に関わりますが、特に【勇敢さ】や【誠実さ】は行動力を、【忍耐力】や【熱意】は意志力を後押ししています。それぞれ詳しく見ていきましょう。

6. 勇敢さ（Bravery）

【勇敢さ】は、困難や問題に阻まれても、自分の信念を貫くために行動できるストレングスです。

　勇敢と言うと「川で溺れている人を助ける」など、命がけの行動をイメージするかもしれません。しかし、日々のちょっと

した行動でも【勇敢さ】は活用できます。

　たとえば、研修会での質疑応答の時間。質問したいことがあっても、しんと静まり返った空気を壊すように声を上げるのは怖いものです。注目が一気に自分へと集まったあげく、「つまらない質問だと思われたらどうしよう」と不安になるかもしれません。それでも、恐怖や不安を乗り越えて質問できたなら、それは十分に勇敢な行為と言えるでしょう。

 ## Being（本質）

〈自分の信念や目標を実現することに意義を感じる〉

　自分の信念や目標の実現を大切にしており、たとえ困難や問題を前にしても諦めることはありません。時には不安や恐怖などのネガティブな気持ちが立ちはだかることもありますが、それに飲み込まれることなく、行動する気持ちを持ち続けます。

 ## Doing（行動）

【勇敢さ】を示す行動としては、次の3つがあります。

❶ 精神的勇敢さ

　ここでの精神的勇敢さとは、自分が心のうちに抱える弱さや悩みを乗り越えることを指します。自分一人で努力して克服することも【勇敢さ】ですが、「恥ずかしい」「迷惑をかけたくない」といった気持ちを乗り越え、家族や友人、医師、カウンセラー、専門家などの他者に助けを求めることも、十分に勇敢な行為といえます。

② 身体的勇敢さ

　身体的勇敢さとは、リスクを恐れず体を張って行動すること
を指します。川で溺れている人を助けに行く、パニックを起こ
して暴れる子どもを抱きしめるなど、自分の命や体に危害が及
ぶかもしれない状況でも、恐怖心に打ち勝ち、信念に基づいた
行動を選びます。

③ 道徳的勇敢さ

　自分の立場が危うくなっても、正義のために行動します。た
とえば、「自分もいじめられるかもしれない」という不安を感じ
つつも、いじめを受けているクラスメイトに手を差し伸べると
き、道徳的勇敢さは発揮されます。

 Having（資源をもっと活用するために）

　これまでご紹介してきた「計画された偶発性理論」を、改め
て確認してみましょう。

　成功するキャリアをもたらす偶発的出来事を逃さないための
行動特性の一つとして、リスクを恐れず行動する「冒険心」が
挙げられていました。これは【勇敢さ】のストレングスとほぼ
同じものです。

　自分に転がり込んできたチャンスを思い切ってつかむこと。
この【勇敢さ】が、あなたを成功するキャリアへと導いてくれ
ます。

　また、【勇敢さ】を発揮して行動すると、問題解決についての
ノウハウが蓄積されます。そのため、新たな困難や問題が立ち

はだかっても、「過去にこの方法で乗り越えることができた」と対処方法を見つけやすくなります。「自分には問題を解決できる」という自信にもつながるでしょう。その結果、困難や問題に向き合うことへの恐れが軽減し、行動へのハードルが下がります。【勇敢さ】を発揮すればするほど、【勇敢さ】を妨げるものはなくなっていくのです。

ダークサイド（注意点）

〈無謀な状態に陥りやすい〉

　古代ギリシャの哲学者アリストテレスは、「恐れ」と「大胆さ」のつり合いが取れた状態が「勇敢」であり、天秤が「恐れ」に傾けば「臆病」になり、「大胆さ」に傾けば「無謀」になると述べました。

　リスクを恐れていては行動できませんが、身の丈を超えたリスクを背負って行動すると、窮地に立たされる可能性が高まります。リスクに対する適度な恐れを持ち、【柔軟な判断・思考】や【大局観】のストレングスを活用しながら、できる限りの対策を練っておきましょう。

〈周りの人に拒絶される〉

　どれだけ素晴らしい信念を持っていたとしても、周りの人たちの気持ちや事情を配慮せずに行動すれば、強い反発を受けかねません。理解や協力を得られるよう、【謙虚さ】を使いながら対応することも時には大切です。

　心を尽くして対話を重ねれば、周りの人々は少しずつあなたのやりたいことを理解してくれるでしょう。ともに困難に立ち

向かってくれる協力者も現れるかもしれません。あなたの【勇敢さ】を引き出せるようにと、みんなが支えてくれるようになるのです。

▌7. 忍耐力（Perseverance）

【忍耐力】とは、やり始めたことを最後までやり遂げるときに活躍するストレングスです。もし、途中で自分を邪魔するような障害が出てきても、諦めることなく取り組み続けることができます。

　忍耐力と聞くと、「仕事がつらくても我慢して働く」というような、ネガティブなイメージが浮かぶかもしれません。しかし、ストレングスとしての【忍耐力】を見るときには、あなたを「ポジティブな方向へと導くために発揮されているかどうか」を振り返ることが大事です。そのため、あなたの気持ちをむりやり抑え込み、他者や世間体のために発揮されている場合は、強みとはいえないということに注意しましょう。

 Being（本質）

〈課題や仕事をやり遂げることに意義を見いだす〉

【忍耐力】が高い方は、与えられた課題や仕事をやり遂げることに意義を感じています。一つ一つのタスクを終えるごとに、何物にも代えがたい達成感を味わうことができます。達成することで「ドーパミン」が放出します。すべてのタスクを終えるために計画を立てることも、楽しみの一つです。

〈困難や障害を「やりがい」と受け止めて楽しむ〉

【忍耐力】のある人は、困難や障害をネガティブに捉えず、「やりがいがある」と考えます。どうすれば障害を乗り越えられるかを考え、挑戦することにワクワクできます。もし失敗しても、「次はこうしてみよう」と新たな方法を試せる喜びを感じます。そうして失敗さえも楽しむことができるため、目標を達成するまで粘り強い努力を続けられるのです。

 Doing（行動）

〈継続的に行動することで大きな成果を得る〉

【忍耐力】を活用できると、目標達成に必要なことをコツコツと続けられます。もし、障害物に遭遇しても諦めない傾向があります。

　例として、「やせる」という共通の目標を持つＡさんとＢさんに登場してもらいましょう。

　Ａさんは【忍耐力】をうまく活用できません。一方のＢさんは、【忍耐力】の使い方をよく知っています。この２人のダイエットはどうなっていくでしょうか。

　Ａさんは、やせるという目標に必要なことよりも、「楽であること」「簡単であること」に心が動きがちです。そのため、あまり効果のない方法を選んでしまったり、「つらい」と感じると投げ出したりして、ダイエットに失敗してしまいます。

　対するＢさんは、「やせる」という目標からブレることがありません。そのために多少苦しくても続けられる最適な方法を選びます。ダイエットがうまくいかないときでも、心と体が回

復すれば再び立ち上がれるようにするのがベストです。持続できる工夫をすることで、いつでも目標を見据えて進んでいくため、ダイエットの成功率はぐんと高まります。

〈モチベーションを維持するために工夫する〉

「やり遂げるぞ！」というモチベーションは、時間の経過とともに低下してしまいがち。しかし【忍耐力】のある人は、モチベーションをうまくコントロールできます。

● 見えるところに目標を書いて意識できるようにする

● タスクを細分化し、達成するごとにご褒美を用意する

　など、自分なりのモチベーション維持方法やルールを見つけましょう。

〈やり遂げるための環境を整える〉

　目標達成の妨げになるものは取り除き、やるべきことに集中できる環境を整えます。

　先の例で言えば、ダイエットしようと思っても、家の中にお菓子があると「ちょっとだけ」「今日だけ」と自分に言い訳しながらつい食べてしまう……といったことはよく起こります。お菓子を置かないなど、最初から誘惑されない環境をつくるのも、【忍耐力】を活用した行動なのです。

 ## Having（資源をもっと活用するために）

【好奇心】【勇敢さ】に続いて、【忍耐力】（＝持続性）も、「計画された偶発性理論」におけるキャリア形成に必要な行動特性の一つです。【好奇心】や【勇敢さ】で得られるのは、「キャリ

アでの成功」を得るレースに挑戦する権利です。いざスタートを切ると、途中でさまざまな障害物に出合うでしょう。時には、周囲の人が邪魔をしてくるかもしれません。それでもリタイアすることなく、【忍耐力】を生かして走り続けられれば、成功にまた一歩近づけます。

　もちろん、【忍耐力】は他のストレングスを伸ばし、活用するときにも役立ちます。たとえば、「学習意欲×忍耐力」なら、難易度の高い学習内容にも根気強く取り組み、より高度な知識や技術を習得できるでしょう。「親切さ×忍耐力」であれば、相手の気持ちに寄り添いながら、ゆっくりと関係を築くことができるかもしれません。

【忍耐力】を活用するには、「失敗」とうまくつき合うことが大切です。アメリカの元バスケットボール選手、マイケル・ジョーダンは、「僕はこれまでの人生で何度も何度も何度も失敗した。だからこそ成功できた」という名言を残しています。彼は失敗してもくじけることなく、練習して挑戦し続けることで、"バスケットボールの神様"と称されるほどの技術を得たのです。
　失敗を恐れず、こだわらない。失敗しても自分を成長させるヒントだと捉えて、【希望】を持つ。それこそが、【忍耐力】を発揮するコツだと言えます。

ダークサイド（注意点）

〈限界まで我慢してしまう〉
　大きすぎる困難や苦痛を前にしても、「やり遂げなければ」と

努力し続けた結果、限界を超えてバーンアウト（燃え尽き症候群）に陥ってしまう危険性があります。

　バーンアウトとは、仕事に情熱を注いでいた人が、心身のエネルギーを消耗し、これまで頑張ってきた仕事への関心や意欲をすっかり失ってしまうことを指します。どれだけ【忍耐力】が高く、努力を続けられる人でも、心と体には限界があるのです。

　対人援助職を対象とした研究では、バーンアウトを防ぐ報酬として、
● 成功報酬：成長できたという実感を得られる
● 経済報酬：仕事内容に見合った適切な収入を得られる
● 対人報酬：人々から感謝されたり、必要とされたりしている
　の３つが提唱されています。
　今の自分が置かれている環境に、これらの報酬が備わっているか考えてみましょう。なんの報酬も得られず、ただ苦しさが募っているときは我慢しすぎず、【柔軟な判断・思考】や【思慮深さ】を生かして、自分の心身を守るための選択をすることも大切です。

8. 誠実さ（Honesty）

【誠実さ】とは、いつでもどこでも誰にでも、正直にいられることを指します。これは、他者に嘘をつかないということだけではありません。自分の心も偽らないことが求められます。
　また、「職場では誠実だけれど、家族に対しては横暴である」

という場合は、誠実であるとは言えません。「親しき仲にも礼儀あり」を心に留め、家族や友人など親密な関係であっても、相手の気持ちを尊重し、嘘をつかず、約束を守る。当たり前のようで難しいことを実直にこなせることこそ【誠実さ】を持っていると言えるのです。

 ## Being（本質）

〈ルールや規律を守ることを重視する〉

社会のルールや職場の規律などを守ることを重視します。それが自分自身にとっても、他者にとっても過ごしやすい環境をつくると考えているからです。

〈自分も他者も偽らないことを大切にする〉

自分の考えや気持ちをごまかさず、他者に嘘をつかないことを大切にしています。正直で裏表がない人柄は、周りの人たちからの信頼を高め、人的ネットワークの構築にもつながります。

 ## Doing（行動）

〈自分の価値観や信念に沿って行動する〉

自分の価値観や信念があれば、周囲からの評価が気になっても行動することを選びます。もし、否定的な評価を受けても、行動をやめるのではなく、自分の想いを誠実に伝え、理解を得られるように努めるのです。

〈自分の言動に責任を持つ〉

自分が背負っている責任を果たすためであれば、自分が不利

な立場に置かれることを恐れません。たとえ、相手が不快になるかもしれない批判的な意見であってもごまかさずに伝えますし、自分のミスで問題が起きたときには素直に認めて謝ります。

 ## Having（資源をもっと活用するために）

【誠実さ】を発揮するためには、誠実な行動を増やすことが大切です。こう言うと、「え？【誠実さ】が不足しているから困っているのに、誠実な行動を増やす……？」と狐につままれた気持ちの方もいるかもしれませんね。

　実は私たちの性格は行動によって変化していくことが、南メソジスト大学の心理学者ネイサン・ハドソンの研究で明らかになっています。

　この研究では、被験者は「なりたい性格」を一つ選び、なりたい性格の人が取る典型的な行動に毎週挑戦するよう指示されました。そして、15週間チャレンジし続けた結果、「なりたい性格の人に典型的な行動」を実際にした回数が多い被験者ほど、本当に性格に変化が起きたのです。

　先ほど「Doing（行動）」でお伝えしたように、
● 自分の価値観や信念に沿って行動する
● 自分の言動に責任を持つ
　の2つを大切にして行動し続ければ、より【誠実さ】を高めることができるでしょう。

ダークサイド（注意点）

〈変化に対して柔軟に対応できない〉

　これまでのルールや規律を大切にするあまり、変化を望む声に対して「ルールだから」「伝統だから」と拒絶してしまうことがあります。【好奇心】や【柔軟な判断・思考】、【勇敢さ】を活用し、時代や環境に合わせて変化を受け入れることも大切です。

〈相手の気持ちを傷つける〉

　何でも正直に伝えると、相手を深く傷つけることがあります。たとえば、久しぶりに会った相手に「ずいぶん老けたね！」「太った？」と伝えれば、あなたとその人との関係が壊れてしまうこともあるでしょう。

「誠実に話す」とは、自分の言葉が相手に与える影響にまで責任を負うということ。投げっぱなしで責任を取らない言葉は、むしろ不誠実なのです。

● そもそも言うべきなのか
● どんな言葉なら受け入れられそうか
● どの程度の情報なら受け止められそうか

　などを、【社会的知性】を活用して考え、言葉を選ぶようにしましょう。

9. 熱意（Zest）

【熱意】とは、今取り組んでいる活動に全身全霊で打ち込める

状態を指します。【熱意】を発揮している間は、時がたつのも忘れ、疲労や空腹もどこかへ吹き飛んでしまいます。ただ、「この瞬間が楽しい」という思いでいっぱいです。

「今日も頑張るぞ！」とワクワクした気持ちで目覚め、やりたいことをやり切った充実感に包まれながら眠る。【熱意】を発揮できれば、まるで子どものように、毎日をかけがえのない豊かなものにできるのです。

 Being（本質）

〈自分の活動について意義を見つけ出せる〉

　やりたくない仕事や他者から指示されたことでも、「人から言われたから」「収入を得るためだから」と受け身にならず、自分や社会にとっての意義を見つけることができます。その結果、精力的に活動を続けられるでしょう。【好奇心】のストレングスが役立ちます。

〈心が動く瞬間を大切にする〉

【熱意】を発揮できる人は、心が高鳴る瞬間を見逃しません。仕事でもプライベートでも、ワクワクできるものを見つけることを大切にしています。

 Doing（行動）

〈熱中するほどエネルギーが湧いてくる〉

　熱中すればするほど、ワクワクする気持ちが高まり、エネルギーが溢れてきます。どれだけ時間や労力をかけたとしても、全く苦になりません。

時間や身体感覚などを忘れ、身も心も活動に没入する「フロー」に入ることもあります。雑念が消え、集中力が研ぎ澄まされ、目の前の活動にのめり込む。いわゆる「我を忘れる」という状態です。フローは私たちに充実感を与え、「もっと挑戦したい」という気持ちを育みます。

〈よりよい成果を出すために努力する〉
【熱意】は、仕事や活動でよりよい成果を出すためのモチベーションを与えてくれます。
　たとえば、熱意ある教師は、教科書の内容を教えるだけでは満足せずに、生徒一人一人が楽しく学べる教材を考え出すかもしれません。パン職人なら、少しでもおいしいパンを作るために研究を欠かさないでしょう。

 Having（資源をもっと活用するために）

〈健康が熱意を支える〉
【熱意】を発揮するためには、心と体の健康が最も大切です。
　頭痛がするときは集中なんてできませんし、友人とケンカして落ち込んだ日には、どんなに大好きなものや活動も、色あせて見えるかもしれません。
　たっぷりの睡眠、栄養バランスの取れた食事、適度な運動……。当たり前のケアですが、実践するのはなかなか難しいもの。【誠実さ】や【自己統制】のストレングスをうまく使って、自分を大切にすることを心がけてみてください。

〈熱意を高める「興味」と「目的」〉

『やり抜く力　GRIT（グリット）―人生のあらゆる成功を決める「究極の能力」を身につける』（ダイヤモンド社）の著者であるアンジェラ・ダックワースは、【熱意】を高める要素として、「興味」と「目的」の2つを挙げています。

❶ 興味

　私たちは心惹かれること、楽しいと思えることにしか【熱意】を向けられません。「あまり【熱意】を発揮できていない」と感じる人は、まずは興味を持てることを探してみましょう。

　ダックワースは、興味を見つけるヒントとして次のような質問を挙げています。

「私はどんなことを考えるのが好きだろう？」
「いつの間にかよく考えているのはどんなこと？」
「私が本当に大切に思っているのはどんなこと？」
「私にとって最も重要なことは？」
「何をしているときがいちばん楽しい？」
「これだけは耐えられないと思うことは？」

　これらの質問を自分自身に投げかけ、ほんの少しでも心が動くものを探してみましょう。そして、興味が持てるものを見つけたら、自分から積極的に挑戦してみます。興味が持てなくても、行動してみるのが大切です。何かに気づくチャンスになります。しっくりくるものと出合うまでチャレンジを続けましょう。

❷ 目的

　どれだけ料理が好きでも、作った後に誰も食べないのなら、料理することに意味を感じられなくなっていきます。当然、興味も【熱意】も失ってしまうでしょう。【熱意】を高めるには、「目的」も大切なのです。

　たとえば、「料理で人を笑顔にしたい」という目的を持てば、モチベーションが高まります。その目的があれば、調理に時間がかかっても、時には失敗しても、料理が嫌になってしまうことはありません。「次はもっと上手に作りたい」と、さらに【熱意】を燃やせるはずです。

ダークサイド（注意点）

〈周囲との熱量に差が生まれる〉

　あなただけが【熱意】に溢れていても、周囲の人からは冷めた目で見られる可能性があります。また、【熱意】にまかせて行動するあなたに、周囲の人がついていけなくなるかもしれません。

　たとえば、「仕事が楽しいから」と長時間の残業を続けていると、他の同僚から「自分たちまで残業しなければならない空気になって迷惑だ」と思われ、いつの間にか距離を置かれてしまうこともあるでしょう。

　WBCで日本チームを優勝に導いた大谷翔平選手のように、情熱を持ちつつも、【社会的知性】や【チームワーク】を発揮し、周りに合わせて対応することが求められます。

7つのカテゴリと30のストレングス
人間性（Humanity）

• •

《人間性》の美徳は、他者と関わるときに必要なストレングスの集まりです。

人間性とは、動物とは異なる「人間ならではの性質」を示す言葉です。たとえば、野生動物の世界は弱肉強食が基本です。自分が生きることが最優先なので、他者を助けることはありません。しかし、人間は違います。他者に寄り添い、手を差し伸べることに意義を見いだします。1〜2歳の幼い子どもでさえ、大好きなお菓子を自分で食べるより、身近な人に「どうぞ」と分け与えてうれしそうに笑う姿が見られます。

たとえ、モノやお金の面で見れば損をしていたとしても、心と心のつながりを何にも代えがたい報酬だと感じられるのが、《人間性》の美徳なのです。

《人間性》は【愛情】【親切さ】【社会的知性】によって形作られます。

10. 愛情（Love）

【愛情】は、相手と親密な関係を築くために貢献するストレングスです。【愛情】には「与える」と「受け取る」の2つの側面があります。

与える

　相手に惜しみなく愛情を与えます。時には多少の犠牲を払うことも厭いません。

受け取る

　相手が自分に与えてくれた愛情を素直に受け取ります。

　しかし、「愛情を与えるのは得意だけど、受け取るのは苦手」という人は多いのではないでしょうか。特に日本人は、大きな愛情を与えられても、「私にはもったいない」「自分にはそんな資格はない」と遠慮してしまう傾向があります。

　その点にも注意しながら、【愛情】のストレングスについて詳しく見ていきましょう。

 Being（本質）

〈親密な人間関係を重視する〉

　一緒にいられることそのものに喜びを感じられるような、親密な人間関係を重視します。時にはギブ・アンド・ギブが、かけがえのないことにつながる場合があります。

〈愛情を向けた相手に対する責任を負う〉

　「健やかなるときも、病めるときも、愛することを誓いますか？」

　結婚式でよく耳にする誓いの言葉ですが、これは【愛情】を発揮する人のあり方を実に見事に示しています。愛情豊かな人は、相手が病んでいるとき、困っているとき、苦しんでいると

きにも、関わりを絶やすことはありません。愛するということ
は、幸せだけでなく、苦しみをも分かち合う責任を負うことな
のです。

 Doing（行動）

〈相手への愛情を示す〉

【愛情】を発揮する人は、積極的に相手に愛情を示します。相
手から愛情が返ってこなくても気にしません。「愛情を示す」こ
とで、十分に満たされた気持ちになれるからです。

〈相手からの愛情を受け取る〉

　私たちは親密な関係を築くほど、相手を高く評価する一方で、
自分を低く評価する傾向があります。そのため、相手からの愛
情を「自分には受け取る価値がない」と遠慮したり、「何か裏が
あるのでは？」と疑ったりして、素直に受け取れないことも。

　しかし、愛情を受け取ってもらえないのは悲しいことです。せ
っかく良好だった関係が崩れるきっかけになるかもしれません。
相手からの愛情を受け取ることも、【愛情】のストレングスを発
揮する上で大切なことなのです。

 Having（資源をもっと活用するために）

　心理学者ロバート・スタンバーグは、愛情は「親密さ」「情
熱」「コミットメント」という３つの要素から成り立っている
と考え、「愛情の三角理論」を提唱しました。

● 親密さ：お互いに絆を感じていること

● 情熱：相手に対する強い感情を抱くこと

● コミットメント：相手と関係を維持する意志を持つこと

　これらの要素をバランスよく満たせば、理想的な【愛情】を実現できます。

　親密さは、【親切さ】【社会的知性】【寛大さ／許容】【ユーモア】などのストレングスによって築きやすくなるかもしれません。また、情熱は【好奇心】や【熱意】が、コミットメントは【誠実さ】や【思慮深さ】がサポートしてくれるでしょう。

ダークサイド（注意点）

〈一方的な愛情は関係を壊すリスクもある〉

　相手に愛情を受け取る準備ができていないのに、一方的に愛情を向けると、相手を困らせてしまいます。

　たとえば、コンビニの店員に一目惚れしたからと言って、いきなり「デートしてください」と言っても、困惑させるだけでしょう。しつこく食い下がれば恐怖を与え、かえって嫌われてしまうかもしれません。

【社会的知性】を活用して相手の状況や気持ちを考えるとともに、今の2人の関係に見合った行動を取ることが大切です。

〈独占欲や嫉妬心にとらわれる〉

【愛情】が強すぎると、独占欲や嫉妬心などが強くなります。相手が自分以外の人から愛情を受け取ったり、与えたりすることが許せなくなり、相手を責めてしまうこともあります。

　特に愛情のやり取りができる相手が少ないと、このような事態に陥りがちです。相手の状況を理解し、許すことも大切にす

ることで、より多くの人に【愛情】を発揮できるよう努力してみましょう。

11.親切さ（Kindness）

【親切さ】とは、人を助けるために行動することを指します。

　困っている人を手助けしたり、悩んでいる人の話を聞いたり、小さな子どもや高齢者を世話したりと、自分が持っているスキルや時間、お金などを他者のために惜しみなく使います。

【愛情】と【親切さ】のストレングスは、どちらも他者に対しての思いやりある働きかけである点が似ていますが、対象者が異なります。

　愛情は親しい人に向けられるものです。一方で【親切さ】は、名前も知らないような他人であっても対象となるストレングスです。

 Being（本質）

〈他者を慈しむ心を持つ〉

【親切さ】を発揮できる人は、どんな人に対しても大切に思い慈しむ心や、相手のために貢献する意識を持っています。

〈他者の幸せを自分の幸せのように感じる〉

　見返りを求めずに他者を助けるのが【親切さ】ですが、全く何も得られないわけではありません。【親切さ】を持つ人は、他者が幸せそうな姿を見て、自分も幸せを感じることができるからです。

 **Doing（行動）**

〈積極的に人を助ける〉

　困っている人を見かけたら、積極的に助けようとします。ボランティアやチャリティーなどの大がかりな活動に参加する場合もありますが、バスや電車で席を譲る、道に迷っている人を案内するといった、ちょっとした親切も日常的に行います。

〈他者を孤立させない〉

　たとえ、助ける方法が見つからなくても、悩みや愚痴を聞いたり、黙って寄り添ったりと、相手が一人で苦しみを抱えることのないように心を配ります。

 Having（資源をもっと活用するために）

〈自分へのケアを行う〉

【親切さ】をうまく活用できる人は、他者だけでなく、自分自身にも【親切さ】を向けられます。このような自分への親切心や思いやりを、「セルフコンパッション（self-compassion）」と言います。セルフコンパッションを実践するためには、次の3つのポイントを意識しましょう。

● 自分への優しさ：失敗した自分や不十分な自分も寛容に受け止める

● 人類皆不完全の意識：「人間は誰でも不完全で失敗する。苦しみを抱えているのは自分だけじゃない」と考える

● ネガティブを手放す：自分の中にあるネガティブなものを
　　　　　　　　　　見つけても、抑圧したり注目したりせ
　　　　　　　　　　ず、あるがままに放っておく

　このように自分への【親切さ】や【寛大さ／許容】を意識で
きれば、自分の心や体を健康に保ち、他の人への【親切さ】も
さらに発揮しやすくなります。

ダークサイド（注意点）

〈余計なお世話になる可能性がある〉

【親切さ】が強すぎると、周りの人が困る前から、あれこれ手
を出してしまい、「小さな親切、大きなお世話」と迷惑がられて
しまうこともあります。親切に接したつもりの相手から、「子ど
も扱いしている」「自分の力を信じてくれていない」と責められ
る可能性もあります。何でも先回りして助けるのではなく、そ
の人自身が持つ力を信じて、見守ることも大切です。

〈自分を犠牲にしすぎてしまう〉

　人のために尽くしていると、自分の利益ばかり考える人に目
をつけられ、利用されてしまうことがあります。

　組織心理学者アダム・グラントは、人を３つのタイプに分類
しました。

● ギバー（Giver）：人に惜しみなく与える人

● テイカー（Taker）：真っ先に自分の利益を優先させる人

● マッチャー（Matcher）：損得のバランスを考える人

　これら３タイプを見ると、与えてばかりのギバーが一番損を

するように思えます。グラントの研究でも、全く自分の利益を省みない「自己犠牲型ギバー」は、テイカーに搾取され、利益を得られないことが明らかになっています。

「じゃあ、人に親切になんてしない方がいいの？」と思うかもしれませんね。
　しかしグラントは、一部のギバーはテイカーよりも利益を得られることも示しています。利益を得られるギバーと得られないギバーの違いは一体なんでしょうか？
　その答えは、「自分の利益への関心」です。
　自己犠牲型のギバーは、「自分が損をしてもいい」と思っています。一方、成功するギバーは、「自分もみんなも得をしよう」と考えます。その結果、自分の利益が大きくなる上、周りからは感謝され、協力者も生まれます。長い目で見て、より多くの利益を得られるのです。
「自分を犠牲にする」ではなく、「みんなで幸せになる」という気持ちを忘れないようにしましょう。

▌12. 社会的知性(Social Intelligence)

【社会的知性】とは、他者の気持ちや周囲の状況を理解し、その場に合わせた行動を取る際に発揮されるストレングスです。
【社会的知性】の高い人は、言葉で表現された「建前」をそのまま受け取るだけでなく、言葉を発した人の視線や表情、声の大きさやトーンなど、言葉以外のあらゆる情報から、背後にある「本音」も読み解き、うまく対応できます。

　たとえば、後輩に仕事の進捗をたずねたところ、「大丈夫です」という答えが返ってきたとしましょう。言葉だけで判断するなら、「問題はない」と考えていいかもしれません。しかし、後輩の目の下にクマがあったり、声に力がなかったりしたなら、本当は大丈夫ではないことがうかがえます。

【社会的知性】を持つ人は、そんな言葉にならない気持ちをキャッチし、その場に必要な行動を取ることができます。

 ## Being（本質）

〈言葉にならない気持ちを大切にする〉

【社会的知性】に優れている人は、言葉にならない気持ちにも寄り添うことを大切にします。そのため、相手の言葉だけでなく、あらゆる言語的・非言語的な情報から本当の気持ちに近づこうと努力します。

〈その場に合わせた振る舞いを重視する〉

【社会的知性】の高い人は、周囲の人がどんな振る舞いを望んでいるかを理解し、場に合わせて行動することを重視します。いわゆる「TPO（時・場所・場合）」を常に意識しているのです。

 ## Doing（行動）

〈他者の様子や状況を観察して最適な行動を選ぶ〉

【社会的知性】の高い人は、他者の様子や状況を細やかに観察し、本当に伝えたいメッセージやコミュニティ内に存在する暗黙のルールを見つけ出します。

そして、メッセージやルールに沿った最適な行動を取ることで、その場にうまくなじんでいくことができます。

〈相手の気持ちに寄り添って行動する〉
　言語的・非言語的情報から、相手の感情や要望を理解したら、相手の心を満たせるように行動します。時には、相手が気持ちを言葉にできるまで、じっくりと耳を傾けることもあります。

 ## Having（資源をもっと活用するために）

〈自分の感情を観察する〉
【社会的知性】を発揮するためには、自分の感情を観察することが大前提です。
　自分の感情がわかっていないと、共感したつもりでも、実際は相手の感情とズレていた……ということが起こります。たとえば、友人から相談されたときに、自分では共感するつもりで「それは腹が立つね！」と伝えても、相手は「私は腹が立つんじゃなくて、悲しいんだけどな」と感じていることがあります。自分の怒りを相手の怒りと勘違いしたことで、ズレが生じてしまったのです。

　他者の感情と自分の感情を区別するために、自分の中にある感情を客観的に見つめてみましょう。
　たとえば、「怒り」の感情。あなたにとっての「怒り」はどんなものでしょうか？「爆弾」「炎」「火山」「雷」「赤色」など、さまざまありそうです。色や手触りはどうでしょうか？　どんなときに大きくなり、どうすれば小さくなるでしょうか。考えて

みましょう。

〈心と体の健康を保つ〉

　私たちは奥歯に何かが挟まっているだけで、周りを見られなくなってしまいます。相手に寄り添いたくても、奥歯のあたりがどうしても気になり、心ここにあらずの状態に陥ってしまうのです。

　このように心や体に何らかの不調があると、私たちは自分のことばかり気になって、他者の様子を観察する余裕を失います。せっかくの【社会的知性】も、活用できなくなってしまうでしょう。自分が持っている【社会的知性】を発揮するには、心と体の健康を保つことも大切なのです。

ダークサイド（注意点）

〈空気を読みすぎて思い切った行動ができなくなる〉

　第1章でお話しした通り、古来より日本では「和を以て貴しとなす」の精神が浸透しています。その結果、他の人と違った行動を取ることはネガティブに受け止められがちです。「出る杭は打たれる」という言葉の通り、個人として力を発揮しようとしたときに、「うまくいくはずがない」と否定されたり、邪魔されたりすることもあるのです。

　しかし、他者の評価を気にして自分のやりたいことを我慢していると、心が苦しくなっていきます。複数の研究から、自分の気持ちを押し殺して他者に配慮する状態を続けると、抑うつ感が高まったり、困難な状況に挫折しやすくなったりするというデータも得られています。

時には空気を読みすぎずに【勇敢さ】を持って、思い切った行動を取ることも必要です。

〈相手のささいな行動の意味を読み取ろうとしてしんどくなる〉
【社会的知性】を発揮しすぎると、相手のささいな行動にも意味を感じ、しんどくなる場合があります。たとえば、誰かと目が合ったのにそらされた場合、「嫌われているのかもしれない」と思うと苦しくなります。しかし、実際にはボーっとしていてあなたに気づいていなかったのかもしれませんし、あなたに好意があるから恥ずかしくて視線を外したのかもしれません。

　自分を苦しめる考えが浮かんできたときは、少し立ち止まって、
● 他の可能性はないか？
● 自分以外の人（家族・友人・ドラマやアニメの主人公など）ならどう考えるだろう？
とイメージしてみましょう。
　これは「認知再構成法」と呼ばれる心理療法のテクニックを参考にした方法です。ただし、この方法は無理にポジティブに考えるのではなく、できるだけ多くの考え方を思い浮かべること自体を目的としています。
　一つの出来事に一つのネガティブな考えしか浮かばなければ、その考えにとらわれて苦しくなります。しかし、ニュートラルに考えて、ネガティブとポジティブな考えのどちらも浮かべることができれば、ネガティブな考えの比重が軽くなり、しんどさも軽減するのです。

7つのカテゴリと30のストレングス
正義（Justice）

・・・・・・・・・・・・・・・・・・・・・・・・・・・・・・・

《正義》は、自分が所属するグループを最適な方向へと導くための美徳です。

　グループ全体の利益や社会への貢献などを考えるときに発揮されます。時には個人の気持ちよりも、グループの利益を優先した判断をしなければならないこともあります。

　たとえば、社員が給与アップを望んでいても、「この会社を存続させていくには、人件費よりも事業投資に資金を回さなければならない」と判断を下せる経営者は、《正義》を発揮していると言えるでしょう。もし、経営者が社員の気持ちに寄り添うあまり給与アップを優先したなら、会社の経営が傾き、結局は社員全員が路頭に迷うことになりかねません。

「船頭多くして船山に上る」ということわざの通り、一人一人の意見をすべて聞いていると、グループが見当違いの方向に進んでいってしまいます。

　グループメンバーの声は受け止めつつ、グループが進むべき最善の道をはっきりと指し示せること。これが、《正義》の美徳を持つ人の特徴です。

《正義》の美徳は、【チームワーク】【公平さ】【リーダーシップ】から構成されています。

13. チームワーク(Teamwork)

【チームワーク】とは、チームにとっての利益を考え、そのために貢献できるストレングスです。

　チームとは、達成すべき目標を共有しているグループやコミュニティを指します。私たちに身近なチームと言えば、「勝利」を目指すスポーツチームでしょうか。他にも、「売上〇〇万円達成！」を掲げる会社や、「みんなで大学合格」を目標とする友達などもチームと言えます。

【チームワーク】を発揮できる人は、自分が所属するチームが目標を達成するために、チームの一員としての役割を果たせるよう力を尽くします。

 ## Being（本質）

〈自分の利益よりもチームへの貢献を優先する〉

　自分が利益を得ることよりも、チームに貢献することを優先します。チームに貢献できた事実が心を満たしますし、他者から貢献について評価されることも喜びになります。

〈チームメイトとの協力を大切にする〉

　自分一人で何でもこなすのではなく、チームメイトと協力することを大切にします。チームメイトがつらそうなときにはサポートしますし、自分が抱えきれないタスクはチームメイトにお願いすることもあります。

 **Doing（行動）**

〈自分に任された役割を果たす〉

　チームで大きな目標を達成するために、自分に任されたタスクは責任を持って果たします。また、タスクの遂行だけでなく、チームそのものをよくするために自分にできる役割も常に探しています。

〈チームを一つにまとめるために行動できる〉

　チームが一つにまとまるためには、次の4要素が必要だといわれています。

● 凝集性：お互いへの魅力や絆を感じられること
● 集団的効力感：「自分たちならできる」とみんなが思えること
● 相互信頼感：それぞれがチームのために頑張っていると信頼できること
● 心理的安全性：自分の考えや気持ちを話しても否定されないと感じられること

【チームワーク】を発揮する人は、これら4つを高めるためにメンバーの一人一人と話したり、全体に呼びかけたりと積極的にコミュニケーションを取り、よりよいチームづくりを目指します。

Having（資源をもっと活用するために）

〈自分やメンバーが心に抱えている不安や不満を解消する〉

　500の企業や団体を対象に実施された一般社団法人日本経営協会の調査によると、アンケート回答者の約6割が「チームに問題を抱えている」と感じていることが明らかになりました。また、問題の内容としては「メンタルヘルスに問題を抱える人の増加」「モチベーションの低下」「チームに対する不満の増大」など、心理面の問題が多く挙げられています。

　そのため、【チームワーク】をより活用するためには、まず、自分自身の心を見つめ、不安や不満があれば解消すること。そして、【親切さ】や【社会的知性】などのストレングスを発揮し、メンバーの一人一人との情緒的なつながりを取り戻すことが重要です。それにより、【チームワーク】を発揮しやすい環境を取り戻せるでしょう。

　また、モチベーションの向上には、第3章でご紹介するSMART法やSWOT分析法も役に立ちます。ぜひ参考にしてみてください。

ダークサイド（注意点）

〈チームに頼りすぎて一人で課題を乗り越えられない〉

【チームワーク】を大切にしすぎると、何が起きても「チームで相談しないと決められない」と感じ、いつしか自分一人で課題を解決しようとしなくなります。その調子では、自分の個性や主体性を見失ってしまいます。時には【柔軟な判断・思考】を活用して自分なりに考えをまとめたり、【勇敢さ】を活用して

一歩踏み出したりすることも大切です。

14. 公平さ（Fairness）

【公平さ】とは、すべての人が平等に扱われるように取り組む
ストレングスです。自分が他者を平等に扱うことはもちろん、誰
もが「平等に扱われている」と感じられる環境づくりにも貢献
します。

【公平さ】は、誰におやつを何個分配するのが平等か考える日
常のひとコマから、すべての人に平等な政策を実現するため国
に働きかけるような大規模な活動まで、さまざまな場面で生か
されています。

 Being（本質）

〈道徳的な基準を大切にする〉

【公平さ】を活用できる人は、道徳的な観点による判断を重視
しています。自分や他者が「ルールを守っているか」「社会的に
正しいか」といった、道徳的な基準に沿った生き方ができてい
るかどうかを常に意識しています。

〈誰一人として排除しないことを心がける〉

　私たちは何かを決めるとき、たいていは「多数決」を用いま
す。しかし、多数決は少数派を排除して強引に決定する方法で
もあります。【公平さ】を持つ人は、少数派の人にだけ我慢や不
利益を押しつけず、全員にとっていい結論を模索します。誰一
人として排除しない社会を目指しているのです。

 **Doing（行動）**

〈すべての人を平等に扱う〉

【公平さ】を持つ人は、すべての人を平等に扱います。自分の感情や偏見など、主観によって扱いを変えることはありません。また、地位の高い・低いで特別扱いすることもありません。相手が誰であっても正しいことは評価し、間違ったことは注意して、公平な環境をつくれるように尽力します。

〈不利な状況や条件をなくすルールと環境を用意する〉

　誰にでも同じ条件を課すことは、必ずしも公平とは言えません。むしろ、格差を助長することにつながるリスクもあります。

　極端な例ですが、「今日からみんな眼鏡禁止」というルールは公平でしょうか。すべての人を同じように扱っている点では公平に思えますが、視力の悪い人は何をするにも不利益を被ることが予想できますね。これでは公平とは言えません。

　真の公平とは、一人一人の状況や条件を踏まえて、不利になる人が出ないようにルールや環境を整えること（合理的配慮）です。【公平さ】を活用できる人は、互いが幸福を共有し、真の公平を実現できる環境づくりに取り組みます。

 Having（資源をもっと活用するために）

〈「客観的公平さ」と「主観的公平さ」の両方を大切に〉

【公平さ】を活用するときには、「客観的な公平さ」と「主観的な公平さ」の2つを押さえた対応が大切です。

　客観的な公平さとは、誰が見ても公平だと判断できるもの。た

とえば、お菓子が 10 個あれば、兄と弟とで 5 個ずつ分けるというような、いたってわかりやすい公平さです。

　一方、主観的な公平さとは、その人自身が「公平だ」と感じられるかどうかです。先ほどの例で言えば、兄が親から言われてたくさんお手伝いをしている間、弟はずっとゲームをしていたとします。それでも、お菓子を兄と弟とで 5 個ずつ分けるよう言われれば、兄は不公平感を抱くでしょう。

　主観的な不公平感は、一つの出来事だけで発生するよりも、これまでの積み重ねで発生することがほとんどです。《人間性》の美徳を使いながら、周りの人とこまめにコミュニケーションを取り、不安や不満を解消しておくことが【公平さ】を実現する鍵となります。

ダークサイド（注意点）

〈完璧な公平性を実現するのは困難〉

　この世界に、全く同じ人間は存在しません。能力や生活環境、思想やニーズなどあらゆる面で異なります。これらの条件をすべて整え、全員が納得するルールをつくるのは非現実的です。

　完璧な公平性の実現に取りつかれると、自分の時間も労力も消耗してしまいます。完璧主義にならず、7 〜 8 割程度の公平性が実現できた時点でルールの運用を始め、問題が起きればその都度改善していくなどの柔軟な対応も大切です。

〈公正世界仮説にとらわれる〉

【公平さ】を大切にする人は、「公正世界仮説」にとらわれやすくなります。公正世界仮説とは、「この世界では悪いことをすれ

ば罰せられ、いいことをすれば報われる」という秩序、要するに、自分の行いはいつか自分に返ってくるのだと信じ込むことです。

公正世界仮説は、私たちに正しい行いをする喜びを与えてくれます。実際、公正世界仮説を信じる人は幸福感が高いというデータもあります。

一方で、自分には何の責任もないときでも、悪いことが起きると「自分が悪かったから、こんな目に遭ったんだ」と自分を責めてしまうようになります。

たとえば、あなたが道を歩いていたとき、急に知らない人から殴られたとしましょう。そのとき何を考えるでしょうか。もし、「もっと周りを注意深く見ておくべきだった」「自分が何か気にさわることをしたのかも」と自分を責める考えが浮かぶなら、公正世界仮説のネガティブな影響を受けているかもしれません。

また、公正世界仮説にとらわれると、事件や事故、災害などの被害者や犠牲者となった人に対しても、「あなたにも悪いところがあった」と責めたくなってしまいます。これもまた、「何の落ち度もない被害者であれば、悪いことが起こるはずはない。被害者にも悪いところがあったから、悪いことが起きたのだ」という公正世界仮説に基づいた考え方から起きることです。

公正世界仮説にとらわれると、自分も他者も追い詰めてしまう危険性があります。【柔軟な判断・思考】や【思慮深さ】を活用し、冷静に事実を見つめることを心がけましょう。

15. リーダーシップ（Leadership）

【リーダーシップ】とは、グループが目標を達成できるように導くためのストレングスです。

【チームワーク】と同じように、グループで活動するときに発揮されますが、【チームワーク】はグループの一員としての行動に関連する一方で、【リーダーシップ】ではグループが迷わないように先導する、リーダーとしての行動に関わります。

 Being（本質）

〈グループをまとめて先導する〉

グループで設定した目標に向かって、メンバーをまとめ、導いていくことに意義を見いだします。

〈グループ全体で連携して相乗効果を高める〉

グループのメンバー一人一人の性格や能力を見極め、誰と誰を組ませれば相乗効果を発揮できるかを、いつも考えています。グループだからこそ実現できる、最大の成果を常に意識しているのです。

 Doing（行動）

〈グループのモチベーションが高まる目標を設定する〉

【リーダーシップ】を発揮できる人は、グループのモチベーションが高まるような目標を設定できます。たとえば、心理学者のロックらが提唱した「目標達成理論」では、

● 目標が具体的である

● 難易度は高いが、努力によって実現できる見込みがある

　といった条件を満たす目標は、モチベーションを向上させると考えられています。

〈メンバーに合わせたフィードバックを行う〉

　ロックは、進捗状況に応じた「フィードバック」も、目標達成への意欲向上につながると述べています。【リーダーシップ】の高い人は、一人一人の状況にも目を配り、必要に応じて助言や激励を行い、メンバーが迷うことのないよう導いていきます。

 Having（資源をもっと活用するために）

【リーダーシップ】がどうあるべきかについては、これまでさまざまな研究が行われてきました。その中でも有名なのが、社会心理学者の三隅二不二が提唱した「PM 理論」です。この理論では、【リーダーシップ】は次の 2 つの機能の組み合わせで成り立っていると考えます。

● P 機能（目標達成機能）：Performance

　目標に向かって成果を出す機能。目標設定や計画立案、進捗確認など、目標を達成するまでの具体的なサポートを行う

● M 機能（集団維持機能）：Maintenance

　グループをまとめる機能。メンバーの一人一人が安心して働けるように、グループ内の関係性や環境を整える

　P機能とM機能を両方ともバランスよく高めなければ、グループはどこかで行き詰まってしまいます。たとえば、P機能だけが強いとメンバーのモチベーションが低下してしまいますし、M機能だけが高いと、いつまでたっても目標に近づくことはできません。

　自分に備わっているP機能とM機能のどちらが低いかを考え、改善することで、さらに【リーダーシップ】を発揮できるでしょう。

ダークサイド（注意点）

〈独裁的になってしまう〉

　リーダーになり、みんなが言うことを聞いてくれるのは、とても気持ちのいいことです。「自分には力がある」「自分はみんなに認められている」と感じられるからです。

　しかし、その気持ちよさに浸かってしまうと、自分とは異なる意見を持つ人や指示に従わない人が、自分の力や存在を否定しているように思ってしまい、不安やイライラを感じるようになります。時には「もっと力を見せて、みんなに自分を認めさせなければ！」と焦り、周りの意見を聞かずに独断で指示を出したり、成果を出せない人を過剰に責め立てたりするかもしれません。

　【リーダーシップ】を発揮するはずが、次第に自分の力を誇示することが目的になってしまうのです。そんなことを繰り返していると、メンバーのモチベーションは失われ、パフォーマンスも低下します。グループそのものが崩壊してしまうこともあ

るでしょう。

　また、人間は、指示・命令が基本的に苦手であることを理解
しておくとよいです。人間には心理的反発（リアクタンス）があ
ります。つまり、私たちは何かに自分の行動の自由を制限され、
奪われたと感じたとき、その自由を取り戻そうと反発する傾向
があるのです。たとえば、勉強する気があったにもかかわらず
「勉強しなさい」と言われたとき、やる気を失うことなどが当て
はまります。そのため、【リーダーシップ】を発揮する際はでき
るだけ、単なる指示・命令ではなく、「〇〇してくれると、とて
も助かる」「〇〇してくれると、みんなが喜ぶ」などと、相手が
貢献感を抱けるように伝えるのがベストです。

　他者に対しては【親切さ】を用いてメンバーと良好な関係を
築くとともに、自分に対しては【謙虚さ】や【自己統制】を活
用して、信頼されるリーダーになれるように言動を変えていく
ことが大切です。

7つのカテゴリと30のストレングス
節度（Temperance）

●●

《節度》の美徳は、自分の気持ちや行動をコントロールするときに活用するストレングスの集まりです。怒りや嫉妬、不安などのネガティブな感情に振り回されることなく、自分にとっても相手にとっても最善の対応を選び取ることができます。

　たとえば、仕事でミスをした部下に対して、感情のままに怒鳴り散らすのではなく、気持ちを抑えて「ミスの原因についての聞き取り」や「ミスによって迷惑をかけた関係者への対応」など、今必要なことを速やかに実行する……といったケースが挙げられます。

《節度》以外の美徳が、「したいこと／すべきこと」を遂行するのが「アクセル」だとすれば、《節度》は「ブレーキ」の役割があります。今やるべきではないことを判断し、自分を抑えます。安全に運転するためにブレーキが欠かせないように、《節度》は私たちが危機に陥らないよう守ってくれるものです。

《節度》の美徳は、【寛大さ／許容】【謙虚さ】【思慮深さ】【自己統制】が関わります。

16.寛大さ／許容（Forgiveness）

【寛大さ／許容】とは、自分を傷つけた人や貶^{おとし}めた人を許すことです。自分が害されても、怒りや悲しみなどのネガティブな

気持ちにとらわれません。むしろ、自分を傷つける方法しか見いだせなかった相手を憐れみ、相手が少しでも人間として成長できるように願い、許すことができます。

　たとえば、諸説ありますが、フランス革命によって断頭台にかけられたルイ16世は、その死の間際に自分の無実を訴えながらも、「私に死をもたらした者を許す」と述べ、これからのフランスの幸せを願ったとされています。自分の命を奪おうとする国民さえ、慈悲の心で許したルイ16世は、類まれなる【寛大さ／許容】の持ち主だったと言えるでしょう。

 ## Being（本質）

〈他者の不完全さを受け入れる〉
【寛大さ／許容】を持つ人は、「人間は不完全な生き物」と考えられる人です。そのため、他者の誤った行動や失敗も当然のことと受け止め、やり直すチャンスを与えることができます。

〈過去よりも今や未来を大切にする〉
　他者が犯した過去の失敗よりも、その失敗から学んだことを今に生かせているかを重視します。また、自分が過去に受けた仕打ちによるネガティブな気持ちにとらわれず、今、この時をポジティブに生きること、そして未来をよりよいものにすることを大切にします。

 ## Doing（行動）

〈ネガティブな感情を手放す〉
　他者から自分の心や体を傷つけられると、私たちは怒りや悔

しさなどのネガティブな感情を抱きます。たとえば、「道でぶつかってきた人が謝らずに立ち去った」という場面をイメージしてみてください。その後しばらく、イライラモヤモヤした気持ちを抱え続ける人が多いのではないでしょうか。

しかし、【寛大さ／許容】のストレングスを持つ人は、ネガティブな気持ちを感じても許容することができます。過去で生まれたネガティブな感情も許すことができるため、すぐに気持ちを切り替えて機嫌よく過ごせるのです。

〈相手の事情にまで思いを巡らせる〉

【寛大さ／許容】を発揮できる人は、自分を傷つけた相手の事情にまで思いを巡らせます。もし、道でぶつかられても「急いでいたのかもしれない」などの可能性を考え、「それなら仕方ない」と許すことができます。

 ## Having（資源をもっと活用するために）

【寛大さ／許容】を発揮するには、「自分がなじんでいる考え方や価値観でも、他の人にとっては当たり前でない」と知っていることが大切です。【好奇心】や【学習意欲】を活用し、自分の視野を広げておくことが、【寛大さ／許容】を高めるのに役立つでしょう。

また、相手と良好な関係を築けていると、傷つけられることがあっても「仲直りしたい」と感じ、許そうと思えます。《人間性》の美徳を構成する【親切さ】【愛情】【社会的知性】のストレングスを活用すれば、どんなことも寛大に受け止められるような人間関係を築けます。

「情けは人のためならず」という言葉通り、他者を寛大に許すと自分自身にもメリットがあります。寛大な人はそうでない人よりもストレスにうまく対応し、精神的に安定できるのです。その結果、心に余裕が生まれ、さらに寛大になれます。

ダークサイド（注意点）

〈他者から利用される可能性がある〉

　何でも寛大に受け入れていると、他者から便利な道具のように都合よく利用される可能性があります。たとえば、気づいたら雑用を押しつけられていたということはありませんか？　また、愚痴や不満を聞く相手の代わりにされることはないでしょうか。

【寛大さ／許容】は、ネガティブな感情から解放され、ポジティブな今を生きるために活用されるべきもの。許すことで自分自身の「今」がよいものにならないのなら、自分を守るために「NO」を伝えることも大切です。

〈他者の成長に必要な指摘や助言ができない〉

「人間は不完全な生き物だから」と考えて失敗を寛大に受け止めるだけだと、他者が失敗から学ぶ機会が失われてしまいます。他者の成長を促すためには、同じ失敗を繰り返さないための指摘や助言を行うことも大切です。

17. 謙虚さ（Humility）

【謙虚さ】とは、自分が持つ能力の限界を正しく理解し、受け

止めることを指します。そのため、実力以上のアピールによって他者から評価を得ようとすることはありませんし、自分ができないことに過度な劣等感を抱くこともありません。ただし、「今の自分にはできない」と受け止めると同時に、他者から素直に教わり、成長しようと試みる向上心を持ち合わせています。

 ## Being（本質）

〈等身大の自分を受け入れる〉

【謙虚さ】を持つ人は、等身大の自分を受け入れることを大切にします。

　自分と他者とを客観的に観察・比較し、他の人よりも得意なことや不足しているものを理解し、人々の中での自分の立ち位置を見極めます。等身大の自分を理解しているため、他者におだてられても、うぬぼれることはありません。

〈裏方として活動することに喜びを感じる〉

【謙虚さ】を持つ人は、表舞台に立つよりも、人目に触れない裏方として活動することを好みます。自分にスポットライトが当たらなくても、表舞台に立つ人を裏方としてサポートできれば満足します。謙虚な人にとっては、多くの人々から称賛されるよりも、自分自身で「自分の能力を発揮できた」と実感できることの方が魅力的なのです。

 ## Doing（行動）

〈自分のなすべきことを黙々とこなす〉

【謙虚さ】を発揮できる人は、自分に与えられた仕事や役割を

黙々とこなします。その結果として優れた成果を残し、他者から賞賛されることはありますが、彼らにとって他者評価は行動の目的ではありません。もし誰も見ていなかったとしても、自分が納得できる仕事に取り組み続けます。

〈どんな人からでも謙虚に学ぼうとする〉

【謙虚さ】を持つ人は、自分がわからないことや不足していることを素直に認め、他者から教わることができます。自分にない知識や技術を持っている人ならば、どんな人であっても師として敬い、謙虚に学びます。相手が子どもや部下であっても、年齢や社会的地位をかさに着て、傲慢な態度で接することはありません。

　私の座右の銘でもある、作家の吉川英治氏が残した「我以外皆師也（自分以外の人はすべて学ぶべき先生である）」という言葉があります。これは、「【謙虚さ】とは何か」を、簡潔ながらも的確に表した言葉だと言えるでしょう。自分よりも優れた人や若い人から学ぶことで、新しいことに気づいたり、成功したりできます。

〈謙虚な姿勢で協力を求める〉

【謙虚さ】を活用できる人は、できないのに見栄をはったり、誰にも相談せずに独りよがりな行動に走ったりはしません。自分の限界を理解しているため、できる人に協力を求め、他者からの助言も受け入れます。

Having（資源をもっと活用するために）

　謙虚になるためには、他者からの評価に左右されず、自分で自分を評価することが大切です。そのために必要となるのが、「自己肯定感」です。自己肯定感とは、「自分で自分を認められる感覚」を指します。

「自己肯定感が高いと、むしろ謙虚になれないのでは？」と思うかもしれませんね。しかし、実際には自己肯定感が高くないと、謙虚に振る舞うことは難しくなります。なぜなら、私たちの心には承認欲求があるからです。

　承認欲求とは「私を認めてほしい」という欲求のことで、この欲求は誰の心にもあります。自己肯定感が高い人は、自分で自分の承認欲求を満たすことができますが、自己肯定感が低い人は、自分の代わりに他者に満たしてもらおうとします。そのため、他者から賞賛されるために過剰にアピールしたり、「自分が正しい」と言い張って他者からの意見に耳を貸さなかったりと、【謙虚さ】からかけ離れてしまうのです。

　自己肯定感を高めるには、「自分にもできた！」という成功体験を積み重ねることが大切です。たとえば、「自分で自分を褒める日記をつける」など、自分のできたことを目に見える形にするとよいでしょう。また、第3章でご紹介する「ストレングス・SMART法」を使えば、強みを生かして「できた！」という体験を積み重ねられます。ぜひ試してみてください。

ダークサイド（注意点）

〈自己批判に陥りやすい〉

　日本人は【謙虚さ】を美徳としていますが、【謙虚さ】にもダークサイドがあります。まず一つ目のダークサイドは、「自己批判に陥りやすい」ということ。

　第1章でもお話しした通り、私たちはネガティブなところに注意が向きがちです。そのため、【謙虚さ】を発揮して自己理解に取り組む中で、自分の欠点ばかりが見えてくることがあります。その結果、自分を「何もできない人間だ」と過小評価してしまうのです。

　【謙虚さ】を十分に発揮するには、自分の「できること」も「できないこと」も、バランスよく自覚することが大切です。第3章でご紹介する「リフレーミング」や「解決志向アプローチ」を活用すれば、自分のポジティブな側面を見つけやすくなります。

〈自分のことを知ってもらえない〉

　謙虚になるあまり、自分から何も発信しないと、周囲から「よくわからない人」「主張しない人」と思われてしまいます。そのため、せっかくあなたが持っている能力や技術を生かす機会も与えられません。これはあなたにとっても、他者にとっても大きな損失です。

　時には【勇敢さ】を発揮し、「目立ちたくない」という気持ちを乗り越え、自分を知ってもらえるように行動することも求められます。

18.思慮深さ（Prudence）

【思慮深さ】とは、リスクとリターンに関する情報を収集し、リスクを最小限に抑えた行動を慎重に選んでいく際に発揮されるストレングスです。目の前の誘惑に飛びつかず、長期的な視点で物事を考えて判断します。

たとえば、松下電器製作所（現パナソニックホールディングス）の創業者である松下幸之助氏は、1952年に家電製品の製造を見据えてオランダのフィリップス社と技術提携を行いました。その当時、終戦したとはいえ、まだまだ貧しかった日本。家電は庶民には手の届かない高級品でした。しかし、松下氏はこれからの日本に家電が普及することを予測し、出資したのです。その結果、松下電器は飛躍的な成長を遂げました。

このように、正しくリスクとリターンを見据え、最善の未来を目指して行動できるのが、【思慮深さ】を持つ人の特徴と言えます。

 Being（本質）

〈自分にとって適正なリスクを重視する〉

思慮深い人は、自分にとって適正なリスクと得られるリターンのバランスを重視します。

そのため、大きなリターンが得られると言われても、すぐに首を縦に振ることはありません。「リターンを得るために自分はどのくらいのリスクを負わなければならないか」を徹底的に調査し、自分が許容できるリスクの範囲を超えている場合は、ど

れだけリターンが大きくても手を出すことを控えます。

〈今だけでなく将来まで見据えて考える〉

　思慮深い人は、「今」だけでなく、「将来」まで見据えて物事を検討します。たとえば、「今は流行によって儲かっているが、このビジネスの将来性は低い」「福祉やAIなどの社会的ニーズがあることを学べば、起業する夢の実現に役立つ」など、今だけでなく、将来のリスクやリターンまで見通して考えられます。

　今思い切って未来を見通した方が何もしないよりもリスクが低く、未来に向けて何を学べばいいか気づくことができます。

 ## Doing（行動）

〈事前準備に力を入れる〉

　思慮深い人は、実際の行動よりも事前準備に力を入れます。起こり得る問題を洗い上げ、それらの対策を練ったり、必要となる人材や道具を揃えたりと、いざ実行してから困ることのないよう慎重に準備を整えます。

　避けられるリスクは避け、減らせるコストは減らす。無駄なくスムーズに事を運ぶことを、常に意識して行動しているのです。

〈長期的な見通しを持って計画する〉

　思慮深い人は、長期的な見通しが持てるように計画を立てます。目標を達成すべき日から逆算して、いつまでに何をすればいいか考え、1カ月、1週間、1日……と、より小さな単位での計画を立てていくのです。

　計画を立てるときには、急なトラブルや体調不良などのリスクも考慮して、余裕を持ってスケジュールを組みます。「絶対に大丈夫」と過信せず、万が一の事態に陥ってもリカバリーできる余裕も、計画に含めるのが【思慮深さ】なのです。

 ## Having（資源をもっと活用するために）

　ペンシルベニア大学のフィリップ・テトロックらの研究を基に、【思慮深さ】を高めるストレングスをまとめると、次のようになります。

● 【学習意欲】: さまざまな知識や教養を身につけておくことで、初めて直面することも「これから何が起こるのか」をある程度予測できるようになります
● 【柔軟な判断・思考】: 柔軟に考えられる人は、目に入りやすいメリットだけでなく、裏に潜むデメリットにも気づけます。また、いったん結論を出しても固執せず、状況に応じて考え直すことで、さらにリスクを軽減できます
● 【チームワーク】: チームの仲間と意見を交わすことで、判断の精度が高まります
● 【資格】: 高度な専門知識を習得すれば、その分野において正しい見通しを立てられるようになります

　また、テトロックらは、【思慮深さ】を高めるためには、訓練を繰り返すことも不可欠だと言います。物事を慎重に判断する経験を重ねることが、あなたの【思慮深さ】を育んでいくのです。

ダークサイド（注意点）

〈慎重になりすぎて行動できなくなる〉

　すべてのリスクに完璧な準備をしようとすると、身動きが取れなくなります。たとえば、「交通事故に遭って死んでしまうかも」「隕石が降ってくるかも」などあらゆるリスクを想定すると、ちょっとした外出さえままならなくなるでしょう。

　リスクを考えるときには、「どれくらいの確率で起きるか」を正しく理解することが大切です。たとえば、令和4年版警察白書を見ると、交通事故での死者数は年間約2,500〜4,500人で推移していることがわかります。日本の人口から考えると、交通事故で死亡する確率は高くても0.003%、つまり約3万人に

図5　交通事故での死者数の推移（平成24年〜令和3年）

※1　指数は平成24年を100とした場合の令和3年の値
※2　算出に用いた人口は、各年の前年の人口であり、総務省統計資料「人口推計」（各年10月1日時点人口（補間補正を行っていないもの。ただし、国勢調査実施年は国勢調査人口））による

1人の割合です。過剰に気にする必要はないことがわかりますね（図5）。

　起こる可能性が低いリスクについてはあえて考えず、十分なリターンが得られそうなときには、思い切って行動してみましょう。

〈リスクを恐れて、自分を成長させるチャンスが得られない〉

　新しいことへの挑戦は、多くのリスクをはらんでいます。いつもと違う定食屋さんに入るというだけでも、「好みの味ではないかもしれない」「失礼な店員に接客されるかもしれない」など、さまざまなリスクが潜んでいるのです。

　そのため、【思慮深さ】を発揮しすぎると、リスクを避けてばかりになりがちです。新しい知識や価値観を知る機会も少なくなり、自分自身を成長させる機会が得られません。将来的には、未来を決めつけたり自分の住む狭い世界の常識に固執したりする、柔軟性のない人になってしまう可能性もあります。

【好奇心】や【学習意欲】を活用しながら、偶然も大切にして新しいヒト・モノ・コトと積極的に出会ってみましょう。自分の視野を広げれば、より判断する能力も向上します。

19.自己統制（Self-Regulation）

【自己統制】とは、自分の欲求や感情をコントロールして、自分や他者にとって望ましい状況をつくり出すストレングスです。【自己統制】をさらに詳しく見ると、次の2つに分かれます。

● 抑制的自己統制：自分がしたいことを我慢する

● 促進的自己統制：自分がしたくないことに取り組む

　これら2種類の【自己統制】をバランスよく使うことで、短期間では達成できない目標達成や、他者との良好な関係の構築を実現できます。自己統制は、アンガーマネジメントなどの感情調整、自己調整学習、GRIT（やり抜く力）などに深く関わります。また、前頭葉にも関わっており、最近では、自己統制はモチベーションや社会的成功に必須とされることもあります。

 ## Being（本質）

〈社会で生きる自分を大切にする〉

【自己統制】を発揮できる人は、「個人としての自分」よりも「社会で生きる自分」を大切にしています。そのため、自分の欲求や感情も、「社会で受け入れられるか」「社会での適応に役立つか」を基準として調整していきます。

〈物事を予定通りに進めることに喜びを見いだす〉

【自己統制】を発揮できる人は、物事を予定通りに進めることに大きな喜びを感じます。1日の終わりにスケジュール帳を見ながら、「今日のタスクも無事に終わったなぁ」と振り返るひと時は、なんとも言えない達成感や充実感をもたらしてくれるでしょう。

 ## Doing（行動）

〈目標達成に向けて自分をコントロールできる〉

「ウサギとカメ」のお話をご存じでしょうか。ウサギとカメが山のてっぺんまで競争することになり、足の速いウサギはあっ

という間にゴール手前まで到着したものの、「余裕だし疲れたから少し昼寝でもしよう」と眠ってしまいました。一方、カメはゆっくりとしたペースながらも歩みを止めず、ウサギが寝ている間にゴール。カメが勝利してめでたし、めでたし……というお話です。

【自己統制】ができる人は、このお話に登場するカメのように目標を見据え、疲れにも誘惑にも負けることなく、自分をコントロールできます。

〈前向きに自分をコントロールする方法を見つける〉

　長期的な目標を達成するには、地道な行動を継続していかなければなりません。しかし、なかなか伸びない成績や減らない体重を見ていると、「もういいや」と投げ出したくなってしまいます。

【自己統制】ができる人は、自分が前向きに取り組める方法を見つけています。たとえば、行動したら手帳にシールを貼るという方法。単純なようですが、自分の取り組みが目に見えることで達成感が高まり、やる気が出やすくなります。あるいは、「1週間頑張ったら、ずっと欲しかった財布を買おう」といったご褒美作戦も効果があります（ポジティブルール法）。

【自己統制】は楽しみながら行うもの。決して「根性論」ではないのです。

Having（資源をもっと活用するために）

　私たちの目標達成を妨げる大きな要因として、「言い訳」と「環境」の2つがあります。【自己統制】ができる人は、これら

2つとうまくつき合っているのです。

〈言い訳とのつき合い方〉

　資格取得の勉強をしようと思っていたのに、「今日は仕事が忙しかったから」「明日まとめてやればいいや」と自分に言い訳して、そのうちにすっかりやらなくなってしまった……。そんな経験はありませんか？

　実は、ヒトの脳は5秒あると「やらない言い訳」を見つけ出すといわれています。そのため、「やらなきゃ」と思ったら、すぐに動くことが大切です。「とにかく机に座る」「とりあえず本を開く」など、簡単な第一歩を踏み出してしまえば、言い訳で行動できなくなるということが減ります。

　また、言い訳に負けそうになったときに、目標をすぐ確認できるよう準備することも大切です。目標を壁に貼っておく、スマートフォンの待ち受けにする……など、すぐ見えるところに用意しておきましょう。

〈環境とのつき合い方〉

　どれだけ「今日は勉強するぞ」と決心しても、家に帰るとソファやテレビが誘惑してきます。また、家族があれこれ話しかけてきて集中できず、「明日でいいや」と思ってしまうかもしれません。

　目標を達成するには、邪魔の少ない環境を整えることも重要です。勉強したいなら静かなカフェを見つける、ダイエットしたいなら食事制限をするなど、環境にも気を配ると【自己統制】へのハードルが下がります。

　自己統制と聞くと苦しいイメージがありますが、ポジティブな視点で認知と行動のサイクルを回すこともできます（図6）。どちらもうまくコントロールすることで、認知と行動が促進され、好循環が生まれます。たとえば、認知では、やりたくない仕事でも視点を変えて、成長できるなどのメリットを見つけることで、ポジティブな行動につながります。一方、やる気が出なくても積極的に行動することで、新しい発見や経験を得ることにつながります。つまり、自己統制はポジティブにも活用できるのです。

図6　認知と行動のハンドルサイクル

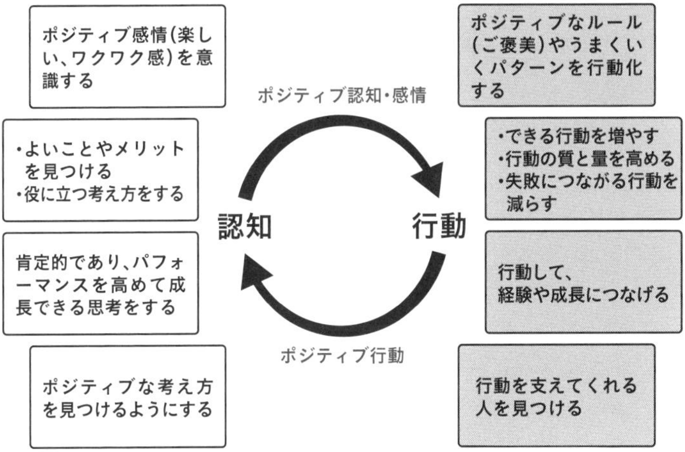

ポジティブ感情(楽しい、ワクワク感)を意識する

・よいことやメリットを見つける
・役に立つ考え方をする

肯定的であり、パフォーマンスを高めて成長できる思考をする

ポジティブな考え方を見つけるようにする

ポジティブ認知・感情

認知　　**行動**

ポジティブ行動

ポジティブなルール(ご褒美)やうまくいくパターンを行動化する

・できる行動を増やす
・行動の質と量を高める
・失敗につながる行動を減らす

行動して、経験や成長につなげる

行動を支えてくれる人を見つける

両方のハンドルを調整し、変化・成長を促進させる

ダークサイド（注意点）

〈過剰な自己統制によってストレスを抱える〉

　自分の本当の気持ちを完全に抑え込むほどの過剰な【自己統制】は、私たちの心や体に大きなストレスを与えます。その結果、気がついたときには、適応障害やうつ病といった精神疾患にかかることもあります。

　のんびりと羽を伸ばせる時間や場所も用意しておきましょう。時には、【好奇心】や【熱意】に導かれるままに行動してみることも大切です。

〈コントロールが目的になってしまう〉

【自己統制】は、自分や他者を幸せにする目標を達成するために行うものです。しかし、コントロール自体が目的になってしまう場合があります。

　たとえば、「キレイになりたい」という目標に向けてダイエットしていたはずなのに、いつしか体重やカロリーのコントロールに取りつかれて、栄養失調で体がボロボロになるケース。あるいは、「家族の幸せに向けてキャリアアップする」と始めた勉強なのに、だんだん「勉強時間を確保すること」自体が目的になり、家族との時間をないがしろにしてしまうケースなどです。「なんのために自己統制しているのか」を見失わないように気をつけましょう。

7つのカテゴリと30のストレングス
超越性（Transcendence）

∙∙∙

《超越性》とは、自分自身の知識や理解を超えたものを受け入れ、大切に思うときに発揮されるストレングスの集まりです。

　たとえば、私たちが人間として地球に生を受けたこと。今、この本を読んでいるすべての人が当たり前に「命」を持っていますが、「なぜ『私』に命が与えられたのか」「いつ『私』は死んでいくのか」という問いには答えられません。私たちが所有しているかに思える「命」は、私たちを超えた存在によって与えられ、奪われているのです。その他にも、「心」や「宇宙」など、私たちが存在する上で欠かせないにもかかわらず、どれだけ科学が発展し、研究が重ねられても、完全には解き明かせないものがあります。

　このように私たちを超越した存在が、気まぐれのように与えてくれるものを見逃さず、その素晴らしさや意義を拾い上げ、自分自身の人生に生かすのが《超越性》の美徳です。

《超越性》は、【審美性】【感謝】【希望】【ユーモア】【スピリチュアル】の５つから構成されています。

▌20.審美性（Appreciation of Beauty & Excellence）

【審美性】とは、美しいものや優れたものに気づき、その素晴

らしさを見いだす際に生かされるストレングスです。

　たとえば、かの有名な俳人、松尾芭蕉の句に「あらたふと　青葉若葉の　日の光」というものがあります。これは初夏になって芽吹いたみずみずしい若葉と、そこに降り注ぐ太陽の光の美しさへの感動を詠みあげたもの。最初の「あらたふと」は、「ああ、尊いことだ」という意味です。

　初夏に若葉が芽吹くのは当たり前のことですが、その姿に「美しさ」や「尊さ」を見いだせる人は多くありません。「桜も終わったなぁ」「これから暑くなるのか、嫌だなぁ」と考えた後は、今日1日の予定で頭がいっぱい。さっき見た若葉のことはすっかり忘れてしまう……なんてこともあるでしょう。

　松尾芭蕉のように、私たちの近くにある美しさに目を留め、感動や楽しみを見いだすこと。これが【審美性】です。特に日本人は、海外の方が雑音だと感じる「虫の声」「雨の音」などにも風情を感じる心を持っているので、【審美性】を発揮しやすいと言えます。

 ## Being（本質）

〈細部に宿る美しさを重視する〉

「道端で力強く咲く花」「ダンサーの美しく伸ばされた指先」など、注意深く見ていなければ見落としてしまうような、細部に宿る美しさを重視しています。誰にでもわかるように演出された美しさではなく、自分だからこそ見つけられる美しさを日々大切にしているのです。

〈美しいものや優れているものに触れる喜びを大切にする〉

【審美性】を持つ人にとって、美しいものや優れているものに
触れることは何にも代えがたい喜びになります。職人のこだわ
りが詰まった万年筆を手に取ったり、スポーツ選手のスーパー
プレイを鑑賞したりすると、とても心が満たされます。

 Doing（行動）

〈美しいものや優れているものへの関心を人生に活用できる〉

　美しいものや優れているものへの探究心は、人生のさまざま
な場面で活用できます。たとえば、デザイナーやアーティスト
など表現者としての仕事に取り組む場合、【審美性】の高さがよ
りよい作品づくりに直結するでしょう。それ以外の仕事でも、自
分自身にとっての美や卓越性を追求し、より完成度の高い仕上
がりを目指せるはずです。

　また、【審美性】を発揮できる人にとって、日々の生活の小さ
な変化は素晴らしいエンターテインメントになり得ます。わざ
わざテーマパークなどに行かなくても、驚きや喜びに満ち溢れ、
充実した毎日を過ごせます。

〈他者の魅力や意義に気づき、いい関係を構築できる〉

【審美性】は、人間関係を築くときにも役立ちます。【審美性】
の高い人は、他者の何気ない言動から魅力や意義に気づき、そ
の人へ尊敬の念を抱きながら接することができます。時には、気
づいたポジティブな面を言葉にして伝えることもできるでしょ
う。

　このように相手を尊重し、認める姿勢は、相手に安心感を与

えます。その結果、相手もあなたに対して心を開き、親しい関係を築くことができるのです。

Having（資源をもっと活用するために）

【審美性】を生かすためには、美しさを感じるような体験に「出合う」「学ぶ」「表現する」という3つのアプローチで働きかける必要があります。

❶ 体験に出合う

　美しさに気づくためには、身の回りの出来事に対して積極的に五感を使って感じ取ることが大切です。【好奇心】や【熱意】を生かせば、体験に出合う機会を増やせるでしょう。

❷ 体験から学ぶ

　体験から「美しい」「素晴らしい」と感じる点を見いだすには、【学習意欲】によって教養を深め、【大局観】を活用して物事をいろいろな角度から見つめて、知識を活用するとよいでしょう。

❸ 体験を表現する

【審美性】を人生に活用するには、感じたことを表現することも大切です。【創造性】を使えば、感じたことを言葉やアートなどの形で表現しやすくなります。

ダークサイド（注意点）

〈美しさ以外への関心を失ってしまう〉
【審美性】を発揮しすぎると、自分が「美しい」「優れている」

と感じるもの以外への興味や関心を失ってしまう可能性があります。その結果、自分の美意識とずれているヒトやモノを頭ごなしに否定する一方で、自分の美意識にかなったヒトやモノは、それ以外の部分を見ないまま称賛します。

しかし、美や優秀さは、あくまで物事の一側面にすぎません。たとえば、教科書にも載る文学作品『走れメロス』でおなじみの太宰治も、他の人にはマネできない卓越した表現力で多くの人々を魅了しましたが、借金問題をはじめ、あまり褒められない部分も持ち合わせていました。

本質を見極めるには【大局観】を活用して、美しさ以外の側面にもバランスよく目を向けましょう。

〈自分自身に不足している部分が許せなくなる〉

【審美性】を追求すると、自分自身の醜い部分や劣っている部分が許せず、自分を過剰に責めてしまうことがあります。そのため、自分自身に【親切さ】や【寛大さ／許容】を発揮して、不十分な部分を受け止めつつ、今できていることを【公平さ】に基づいて評価するよう心がけてみてください。

21. 感謝（Gratitude）

【感謝】とは、自分に与えられたよいものに対して感謝の気持ちを抱き、その気持ちを言葉や行動で示すためのストレングスです。

私たちは「ありがたい」という日本語を何気なく使っています。この「ありがたい」は、漢字では「有り難い」と表記しま

す。つまり、「有ることが難しい＝めったにない貴重なことだ」という意味です。感謝の気持ちは、与えられることを「当たり前」と思うのではなく、かけがえのない貴重な機会なのだと噛みしめることで育まれていきます。

　美しい石庭が有名な京都の龍安寺には、「吾唯足知（われただたることをしる）」と刻まれたつくばい（手水鉢）が置かれています。これは、「どれだけお金持ちでも満足を知らなければいつまでも貧しい。たとえ貧しくても、今あるものに感謝する心を知っていれば豊かだ」という意味が込められています。

　感謝によってストレスが軽減され、幸福感が高まるという研究結果も多数あります。それほど、【感謝】は心を豊かにしてくれるのです。

 ## Being（本質）

〈与えられたモノや環境に喜びを見いだす〉

　私たち日本人にとって、「水道の蛇口を捻れば安全でキレイな水が出てくる」というのは当たり前です。しかし、世界へと視野を広げると、安全な飲み水を確保することがとても難しい国もあります。また、日本では電車で居眠りしていても貴重品を盗まれることはめったにありません。そんな治安のよさも日本ならではのことでしょう。世界的に見れば、日本に生まれたことはずいぶんと恵まれているのです。しかし、私たちは自分たちに不足しているものにばかり気をとられて、すでに多くを与えられていることに気づいていません。

【感謝】を発揮できる人は、多くの人が「こんなのは当たり前だ」と気にも留めないようなモノや環境に改めて目を向け、そ

れらが自分に与えられた幸運に喜びを感じます。

〈人生の肯定的な側面に注目する〉

　上司から「今月は頑張ったからボーナスが出たぞ」と言われて 1000 円を渡されたら、あなたはどう感じますか？「あんなに頑張ったのに 1000 円か」とがっかりしてしまう人もいるかもしれません。しかし、【感謝】を発揮できる人は、「本来もらえるはずのない 1000 円をもらえた！　うれしい！」など、肯定的に受け止めます。

　そのため、同じ出来事に直面しても、【感謝】を持つ人の方が人生を楽しみ、満足感や幸福感を得る傾向が見られます。

Doing（行動）

〈感謝できるものを探し出す〉

【感謝】を活用できる人は、毎日の生活の中から感謝できるものを積極的に探し出すことができます。たとえば、「初めて買ったお菓子がおいしかった」「自分が渡ろうとした信号がちょうど青になった」などのささいなことにも、「とてもラッキーだ！ありがたい！」と感謝の気持ちを抱くのです。もちろん、他者のいいところを見つけるのも得意です。どんな人にも肯定的な側面を見つけて受け入れられるため、人や社会との関わりを広げやすくなります。

〈積極的に感謝を伝える〉

【感謝】を発揮できる人は、感謝の気持ちを自分の中に抱くだけでなく、相手に「伝える」ことにも意欲的に取り組みます。は

っきりと言葉にする以外にも、手紙を書く、プレゼントを渡す、似顔絵を描く、笑顔を向けるなど、そのときの状況や相手に合わせて適切な形で感謝を伝えます。

　感謝を伝えることで、相手は「認められた」と感じてうれしくなります。また、あなたに対して感謝を返してくれることもあるでしょう。このように、お互いに感謝し合う中で強い絆が育まれ、個人相手であれば【親切さ】や【愛情】に満ちた関係性を、集団相手であれば優れた【チームワーク】や【リーダーシップ】を発揮する土台を構築できます。

Having（資源をもっと活用するために）

　リー・ウォーターズの『ストレングス・スイッチ』（光文社）によると、【感謝】のストレングスは「気づく」「行動する」の2ステップで育まれることがわかります。

〈感謝できる対象に気づく〉
● マインドフルネス
　マインドフルネスとは、「今、ここ」にあるものに注意を向けることです。日本語では「念」とも言います。ここでは、「呼吸」を使ったマインドフルネスをご紹介します。

　❶ 楽な姿勢を取る
　❷ 深呼吸をして呼吸の流れやお腹の動きに注意を向ける
　❸ 注意がそれても焦らず、「それたな〜」とだけ思って、再び呼吸に注意を戻す（雑念が生じても立て直せばOK）

　この方法を練習すれば、過去の体験や未来への不安、あるいは他者との比較にとらわれて見失っていた「今、ここ」にある喜びを見いだすことができるでしょう。

● 感謝の日記

　感謝の気持ちを抱いた出来事を、日記の形で記録します。忙しい毎日の中で、「何もいいことがない」「自分ばかり損している」と感じたときに感謝の日記を読み返せば、「自分もたくさん与えられてきたんだ」と実感でき、前向きな気持ちを取り戻せます。

〈感謝を表現するために行動する〉

● 感謝の手紙

　感謝を伝えたい人をイメージし、「その人にしてもらったこと」「その行動に対して何を感じたか」「人生にどんな影響を与えてもらったか」などを、できるだけ具体的に書きます。自分が相手に対して抱いている感謝の気持ちを、より鮮明に感じられるでしょう。

● 感謝の訪問

　感謝の手紙が書けたら、ぜひ「感謝の訪問」にステップアップしてみましょう。少し照れくさいかもしれませんが、相手を訪問して手紙の内容を読み上げることで、相手との絆が深まるだけでなく、自分自身の幸福感も高められます。職場などでは、メッセージカードやポストイットの活用がおすすめです。

ダークサイド（注意点）

〈感謝の押し売りになってしまう〉

　何にでも過剰に感謝していると、相手から「演技くさい」「わざとらしい」と思われたり、「私を都合よく動かすための言葉なのでは？」といった疑念を持たれたりする可能性があります。また、大げさに感謝されると居心地が悪くなる人もいます。

　一方的に感謝を押しつけるのではなく、【社会的知性】や【自己統制】を活用し、相手が受け取れる感謝の表現を吟味して、調節しながら伝えるようにしましょう。たとえば、2023年に開催されたWBC（ワールド・ベースボール・クラシック）の第5回大会で、日本チームを優勝に導いた監督の栗山英樹氏は、「信じて、任せて、感謝する人」という名言を残しています。まさに、選手のやる気や能力を最大限に引き出すために【社会的知性】【自己統制】を生かしつつ、「感謝」のストレングスを発揮した例と言えます。

〈現状に留まり成長や変化ができなくなる〉

　どれだけ現状が苦しくても、今の場所に留まってしまい成長や変化の機会を失う可能性があります。たとえば、あなたの能力を全く評価しない職場に対して、「それでも仕事があるのはありがたいことだ」と肯定的に捉え続けていると、あなたを本当に評価してくれる人や職場に出会うことはできません。

　時には自分に対して【親切さ】を向け、自分と周囲との間に【公平さ】があるかを確認しながら、よりよい環境へ移る勇気を持つことも大切です。

22. 希望（Hope）

【希望】のストレングスとは、どんな状況に置かれていても、ポジティブな未来を信じ、その未来の実現に向けて努力できることを指します。

【希望】の一例として、心理学者ヴィクトール・E・フランクルをご紹介します。彼は第二次世界大戦時にナチスドイツの手によって強制収容所に収監されました。人間としての自由が何一つ与えられない壮絶な環境にもかかわらず、彼は希望を失わなかったのです。

　フランクルの著書『夜と霧』（みすず書房）から、彼が収容所の仲間たちに語りかけた場面を引用しましょう。

> "わたし個人としては、希望を捨て、投げやりになる気はない。なぜなら、未来のことは誰にもわからないし、つぎの瞬間自分になにが起こるかさえわからないからだ。"

　物事をネガティブに捉える人であれば、フランクルのように苦しい環境に置かれたら、「どうせ明日も明後日も苦しいに決まっている」と考えるでしょう。事実、『夜と霧』の中では希望を失い、生きる屍になった人や命を落とした人々も描かれています。

　しかし、フランクルのように【希望】を活用できる人は、「未来は明るいかもしれない」とポジティブな未来を信じ、その日が来るまで、自分にできる最大限の努力を続けられるのです。

Being（本質）

〈物事のポジティブな側面を見つける〉

【希望】のストレングスを持つ人は、物事のポジティブな側面に注目できます。たとえば、「仕事でミスをした」というネガティブな出来事からも、「次は同じ失敗をしなくて済む」「大きなミスをしなくてよかった」とポジティブな要素を見つけられます。

〈いつでも未来への希望を見失わない〉

どんな逆境に立たされても、「明るい未来を切り拓くことができる」と強く信じ、希望を見失うことはありません。もし、今の時点では光が見えなくても、諦めずに前進することを重視します。

 Doing（行動）

〈可能性を高めるために行動できる〉

【希望】を発揮する人は、ポジティブな未来に近づくために目標を立て、行動します。目標実現を妨げるネガティブな要素も一つ一つ乗り越えることで、ポジティブな未来を自ら引き寄せます。何もせずに「いつかはよくなるはず」と待っているだけではないのです。

〈チャンスを逃さずつかみ取る〉

クランボルツの「計画された偶発性理論」によれば、チャンスが来るのを信じて前向きに考える楽観性＝【希望】は、成功

を呼び寄せる大切な要素の一つとされています。

　しかし、せっかく呼び寄せたチャンスも、つかまなければ意味がありません。【希望】を活用できる人は、自分が望んだ未来を実現できる可能性があればすぐに気づき、迷わずつかみ取ることができます。

 ## Having（資源をもっと活用するために）

【希望】は、「自分」と「環境」それぞれにポジティブな側面を見いだすことで育まれます。

〈自分へのまなざし〉

　ポジティブな未来を実現するために、「自分なら行動できる」「自分は乗り越えられる」と信じることが大切です。【勇敢さ】や【忍耐力】など、《勇気》の美徳が役立つでしょう。

〈環境へのまなざし〉

　自分のチャレンジを応援してくれる人や、困ったときに相談に乗ってくれる人などの存在を感じられる環境であれば、たとえ今はうまくいかなくても、諦めることなく成功へと向かっていけます。そのため、《人間性》や《正義》の美徳を活用して、他者と安心感のある関係を築いておくのがおすすめです。【人的ネットワーク】も支えになるでしょう。

ダークサイド（注意点）

〈非現実的な希望を抱き、リスクを避けられない〉

　ネガティブな側面は、「危険」や「不快」のサインです。それ

らを完全に無視してポジティブな側面ばかり見ていると、リスクを避けられず、大きなトラブルに巻き込まれる恐れがあります。時には【柔軟な判断・思考】や【思慮深さ】を活用し、現実的なリスクも考慮しながら行動することが求められます。

〈他者の気持ちに寄り添えない〉

　ネガティブな気持ちを抱えている他者に希望を押しつけてしまうと、不愉快な気分にさせてしまうことがあります。たとえば、恋人に振られた友人に「すぐに新しいパートナーが見つかるよ！」とポジティブに語りかけても、「すぐにそんな気持ちになれない！」と反発されてしまうかもしれません。

　そのため、【大局観】や【社会的知性】をうまく発揮して、相手が落ち着くまでネガティブな気持ちに寄り添うことも必要です。

23. ユーモア(Humor)

【ユーモア】とは、人生において明るい面を見つけ出し、その場の緊張感や不安感を和らげるストレングスです。

　ユーモアには次の3タイプがあります。

● 攻撃的ユーモア：他者に対するからかいや皮肉を言う
● 自虐的ユーモア：自分の欠点や失敗を笑い話にする
● 遊戯的ユーモア：言葉遊びやダジャレを言う

　ストレングスとして活用されるのは、主に「自虐的ユーモア」

と「遊戯的ユーモア」です。相手との間に親密な関係があれば、「攻撃的ユーモア」が用いられることもあります。

　また、【ユーモア】は単体で発揮されるだけでなく、他のストレングスと組み合わせることで、さらに効果を高めてくれます。たとえば、電車で高齢の女性に席を譲る【親切さ】を発揮するときに、「レディファーストですよ」と一言添えて微笑むような【ユーモア】があれば、真面目な顔で「どうぞ」と言われたときよりも、女性はあなたからの親切を受け取りやすくなるでしょう。

Being（本質）

〈他者を楽しませることに喜びを見いだす〉

　本当に【ユーモア】に溢れた人は、他者が心から笑顔になれるよう楽しませることに喜びを見いだします。そのため、特定の誰かを貶めたり、悲しませたりするようなジョークなどは避けます。一方で、他者を楽しませるためなら、自虐もためらいません。

〈ユーモアによって社会に貢献する〉

【ユーモア】を発揮できる人は、身近な人たちを笑わせるだけでなく、ユーモアによって他者や社会の力になれないか考えます。

　たとえば、アメリカの医師ハンター・アダムス（パッチ・アダムス）は、病気に苦しむ人々に対し、ユーモアを活用しました。ピエロの格好でおどけてみせ、笑いを届けることで、心身の苦痛を和らげ、勇気づけたのです。さらに彼の活動は映画化

され、世界中の人々にも大きな感動を与えました。【ユーモア】
で社会に貢献した代表例と言えるでしょう。

 ## Doing（行動）

〈さまざまな環境や状況で楽しいことや面白いことを探す〉

【ユーモア】を持つ人は、どんな環境や状況に置かれても、楽
しいことや面白いことを探し出します。たとえ苦しい状況であ
っても、ユーモアを忘れることはありません。むしろ、苦しい
ときこそユーモアを駆使し、自分や他者の不安や緊張を和らげ、
現状を乗り越える力を生み出します。

〈その場をポジティブにする言動を的確に選び取る〉

【ユーモア】のある人は、その場を盛り上げるような言動を的
確に選び取れます。あまり意識しなくても、その場にいる人の
表情や思いを細やかに汲み取り、ちょっとした言葉遊びや皮肉
の利いたコメントを、適切なタイミングで言うことができるの
です。

 ## Having（資源をもっと活用するために）

【ユーモア】を発揮するには、次の3ステップが必要です。

① ネタに気づく

　まず、【ユーモア】に使えそうな楽しい「ネタ」に気づくこと
が大切です。自分自身や身近に面白いことが転がっていないか、
【好奇心】を持って観察しましょう。普段受け流していたことを、
【柔軟な判断・思考】や【審美性】を使って新たな角度から見て

みることも、【ユーモア】の助けになります。

❷ 面白さを言葉にする

「ネタ」に気づいたら、それをうまく言葉にします。たとえ失敗したとしても、【創造性】や【大局観】を使って、他者を楽しませたり、勇気づけたりしてみましょう。

❸ 相手や場面に合わせて使う

【ユーモア】を発揮する際には、その場にいるメンバーやシーンを慎重に吟味することが大切です。【思慮深さ】や【自己統制】を使いながら、ここぞというタイミングで使いましょう。

ダークサイド（注意点）

〈他者を傷つけてしまう〉

【ユーモア】も、使う場面や言葉を間違えると、他者を傷つけてしまう恐れがあります。たとえば、2022年3月に開催されたアカデミー賞受賞式で、アメリカのコメディアンであるクリス・ロックが、女優ジェイダ・ピンケット・スミス（俳優ウィル・スミスの妻）の容姿をからかう「攻撃的ユーモア」を使いました。その結果、ウィル・スミスを激怒させてしまったのです。

　このように、【ユーモア】は使い方を間違えると、他者を深く傷つけたり、怒らせたりする危険性があります。特に「攻撃的ユーモア」にはリスクがあります。【社会的知性】や【思慮深さ】を発揮し、相手の気持ちや状況を十分に理解した上で使いましょう。

<真面目に向き合うべき問題から逃げてしまう>

　真面目に向き合うべき問題から逃げるために、【ユーモア】が使われることもあります。たとえば、友人から深刻な悩みを打ち明けられたときに、その重苦しさに耐え切れず、冗談やダジャレを言ってしまうなどです。しかし当然、その友人は「真面目に聞いてもらえなかった」と傷つきます。あなたと友人の関係も壊れてしまうかもしれません。

【勇敢さ】や【誠実さ】を活用し、【ユーモア】に逃げずに向き合うことも大切です。

24. スピリチュアル(Spirituality)

【スピリチュアル】とは、体ではなく、心によって超越的な存在とつながり、人生の目的を見いだすときに発揮されるストレングスです。日本語では「精神性」や「霊性」と訳されることもあります。

【スピリチュアル】を持つ人は、「見える」「聞こえる」「触れられる」など、体で感じるような具体的な手応えが何一つなくても、直感的に自己を超越した世界や存在と「つながっている」ことを感じ取れます。超越的な存在は「神」として崇められ、宗教となるケースもありますが、【スピリチュアル】は必ずしも宗教とは関係ありません。「シンクロニシティ」のような偶然性や、たまたま手に取った本の一文や吹き抜ける風の中に、大いなる存在を直感することもあり得ます。

Being（本質）

〈超越的な世界や存在を重視する〉

　科学や論理を超えた存在を重視し、多くの人が「ただの偶然」「根拠がない」と無視してしまいそうなサインから、自分を導く大事なメッセージを見つけ出します。

　たとえば、心理学者カール・グスタフ・ユングは、夢や幻覚を「意味があるもの」と受け止め、「夢分析」の理論を構築していきました。

〈自分自身の生きる意味を自覚している〉

　超越的な存在が伝えようとしているメッセージから、自分が生まれてきた意味や与えられた使命を自覚しているため、自分の生き方について揺るぎない考えを持っています。

 Doing（行動）

〈超越的な世界や存在とつながるための行動を取る〉

　人智を超えた領域を敬い、つながるために礼拝や瞑想など儀礼的な行動に取り組みます。

　また、自分の体を超越して精神的な世界に触れようと、厳しい修行に身を投じる人もいます。たとえば、比叡山延暦寺で行われる修行「千日回峰行」では、険しい山道を雨の日も風の日も巡ったり、9日間不眠不休で読経したりと、まさに命をかけた苦行によって悟りに近づいていきます。

〈与えられた使命を実現するために行動する〉

【スピリチュアル】を発揮する人は、自分に与えられた使命を実現するために行動します。たとえ困難な状況に置かれていても、その困難に立ち向かうことを使命と捉え、諦めることなく挑戦を続けます。

Having（資源をもっと活用するために）

【スピリチュアル】に目覚めるきっかけとして、次のような場面があります。

● 絶望、苦痛、虚無、トラウマを感じたとき

● 危機的状況に置かれたとき

● 自分の思考や感覚を探究したとき

● 自然とのふれあいによって身体感覚が研ぎ澄まされたとき

　あえて厳しい環境に身を置いたり、ヨガや瞑想で自分を見つめたり、キャンプをして大自然に飛び込んだりする中で、これまでの自分を超えた「新たな自分」と出会うことが、【スピリチュアル】を育みます。

ダークサイド（注意点）

〈科学的な根拠や現実的な側面を見失う〉

「自分がどう感じたか」「自分がどう受け取ったか」といった主観にしか関心が向かず、客観的に物事を見られなくなる恐れがあります。その結果、自分の考え方や行動のデメリットについて、科学的な根拠や現実的な側面を基に説明されても受け止められず、自分を苦しい状況に追い込んでしまいます。

【柔軟な判断・思考】や【思慮深さ】を生かし、【スピリチュアル】以外の観点からも、物事を見つめましょう。

〈他者との関係を壊す危険性がある〉

「大切な人たちにも自分の生きる意味に気づいてほしい」と願う気持ちが、自分と同じ思考や行動の押しつけになることがあります。よかれと思っての行為であっても、押しつけられれば不快になりますし、反発もしたくなります。ケンカや絶縁などの悲劇的な結末をたどることもあるでしょう。

【社会的知性】を発揮し、相手の気持ちや様子を観察してみましょう。【スピリチュアル】によって二人の関係が壊れそうだと感じたら、引き下がる勇気も大切です。

7つのカテゴリと30のストレングス
専門性（Specialty）

● ●

《専門性》は、キャリア論に基づいたストレングスの集まりです。ここまでお話ししてきたポジティブ心理学に基づく6つの美徳や24のストレングスに、間接的な影響を与えます。

　私たちは、いつでもストレングスを活用できる環境で過ごせるとは限りません。時には環境に合わせてストレングスの活用方法を工夫する必要があります。つまり、いつ・どんな場所でもストレングスを発揮できるようにしておけば、鬼に金棒ということです。

　そこで参考にしたいのが、ボストン大学経営大学院教授ダグラス・ホールによって提唱された、「プロティアン・キャリア」の概念です。
　ホールは、自らの姿を自由に変化できる能力を持つギリシャの神「プロテウス」にヒントを得て、私たちもプロテウスのように、社会や環境に応じて柔軟に変化できるキャリア「プロティアン・キャリア」を形成する重要性を主張しました。
　法政大学教授の田中研之輔氏は、プロティアン・キャリアを形成する具体的な方法として、3つのキャリア資本（表3）を高めることを提案しました。
　これらのキャリア資本を意識し、高める努力ができれば、私

表3　3つのキャリア資本

	説明	例
ビジネス資本	ビジネスシーンでのキャリア形成を通じて得られる知識やスキル、立ち振る舞いなど、その人の体に刻まれたもの	スキル、語学、プログラミング、資格、学歴、職歴など
社会関係資本	ビジネスパーソン同士の信頼関係からなる、ネットワークの集積のこと	職場、友人、地域などでの持続的なネットワーク
経 済 資 本	金銭や諸々の財産など、経済的な資本のこと	金銭、資産、財産、株式、不動産など

（田中,2019より）

たちもプロテウスのようにストレングスを環境に応じた形で発揮できるはずです。

　そこで私は、キャリア資本の考え方を基に、ビジネス資本からは【資格】【経験】【技術】【賞】を。社会関係資本からは【人的ネットワーク】、経済資本からは【経済力】のストレングスを取り出し、これらをまとめて《専門性》という独自のカテゴリを作り上げました。

　それぞれ説明していきます。

25.経済力（Economic）

　経済力と聞くと、「どれだけ稼げるか」「いくら資産を保有しているか」をイメージするかもしれません。しかし、ストレングスとしての【経済力】は、お金に関する正しい知識を持ち、適切に判断を下せる「金融リテラシー」に近いものです。

　金融庁が 2021 年に発行した『基礎から学べる金融ガイド』では、金融リテラシーを構成する力として、以下の5つを挙げています。

- 生活設計能力：人生で自分が何をしたいか整理し、必要なお金を計算する
- 使う力：現在の収支状況を把握し、予算の範囲内でやりくりする
- 貯める力：必要なときのためにお金を貯める
- 備える力：リスクに備えて保険加入や貯金を行う
- 増やす力：適切な情報収集と判断に基づき、資産運用などでお金を増やす

　このようなお金に関する総合的な知識に基づき、お金を「自分や他者を幸せにするための手段」として、うまく活用できるのが【経済力】です。

Being（本質）

〈お金に関する知識や技術に価値を見いだす〉

【経済力】を持つ人は、お金に関する知識やお金を活用する技術に価値を見いだし、学ぶことを楽しみます。

〈お金に対して冷静な判断ができる〉

「お金持ちが偉い」「お金は汚い」など、過剰なポジティブイメージもネガティブイメージも、お金に対して向けることはありません。「お金は一つの道具でしかなく、使い方こそが大切だ」と考えています。

Doing（行動）

〈楽しみながら必要なお金を確保する〉

金融リテラシーを学び、自分の人生に必要なお金を確保するために行動します。「お金のため」と我慢しながら働くのではなく、自ら事業を立ち上げたり、資産運用に取り組んだりと、楽しみながらお金を得る工夫ができます。貯金も、「金額が増えるのがうれしい！」とポジティブに取り組めます。

〈お金を使ってストレングスを発揮する〉

自分に備わっているストレングスを、お金という手段によって存分に発揮できます。たとえば、【愛情】のストレングスを使って「大切な人のために心のこもったプレゼントを贈る」というときでも、お金があれば予算を気にせず、本当に贈りたいものを選べます。

Having（資源をもっと活用するために）

　2020年4月より、小学校～高等学校で「金融教育」が実施されました。子どもたちがお金に関する知識を効率よく学べるように、金融庁がさまざまな教材を無料で提供しています。【経済力】を高めたい方は、ぜひ一度確認してみましょう。

　また、国家資格「FP技能士」の資格取得も、【経済力】の向上におすすめです。また、助成金の所得法やクラウドファンディング、AIによる投資などを学ぶことも役立ちます。

　さらに、これからご紹介する【資格】【経験】【人的ネットワーク】【技術】【賞】のストレングスは、キャリア資本を高め、プロティアン・キャリア形成をサポートするものなので、資産を増やす際にも役に立つでしょう。

ダークサイド（注意点）

〈お金が手段から目的に変わってしまう〉

　お金を稼ぐことが、幸せになる「手段」から「目的」にすり替わってしまうことがあります。「お金を稼げる方が偉い」「お金がある方が優れている」と信じ込み、お金を稼ぐためなら他者を傷つける行為も許されると考えたり、他者と自分のお金を比べて優劣を判断したりします。

　【誠実さ】や【公平さ】を使い、他者と心地よい関わりを維持しながら、お金と適切な距離感でつき合うように意識するのがベストです。

26.資格（Qualification）

「資格」は、特定の活動をするために必要とされる条件を満たしていることを示します。ただし、ストレングスとしての【資格】は、資格や免許を得ていればよいというものではありません。「資格」が、あなたの人生にどれだけ貢献したかが大切です。

● 資格取得の勉強を通じて、自分の目指すべき道がはっきりした
● 資格を取得して、ずっと夢だった仕事を始められた
● 資格によって、自分はやり遂げられる人間だという自信がついた

　など、あなたの人生によい変化をもたらした【資格】であれば、それはストレングスと言えるでしょう。

 Being（本質）

〈自分の人生に役立つ資格を重視する〉

【資格】を生かせる人は、自分の望む人生がはっきり見えており、理想に近づく手段として資格の習得を検討します。自分の人生に必要な資格であれば、たとえ習得するまでの難易度やコストが高くても、努力を惜しみません。

〈【資格】によって自分の生き方を表現する〉

　これまでに身につけた特別な技能や知識、経験、そして努力を積み重ねてきた実績など、「過去から現在までの自分の生き

方」を他者にわかりやすく表現する手段として、資格を使います。

　また、「これからの自分の方向性」を決めるときに、資格を成長の目的として活用することもできます。

Doing（行動）

〈これからの人生で必要な能力を身につけるために学ぶ〉

「これからの人生で役に立つ知識や技術を身につける」という目的のために学びます。もし、仕事や家事で忙しくても、「今、何ができるか」「学ぶ時間をつくるためにはどうすればいいか」を考え、少しでも資格取得に近づけるように行動し続けます。

〈資格に恥じない高い能力によって社会に貢献する〉

　資格を取得した後は、高い知識や技術によって他者や社会に貢献します。

　もし、「資格にふさわしい専門性が自分に不足している」と感じれば、書籍や研修会などを通じて、不足している知識や技術を補います。【資格】を取得したから終わりというわけではなく、資格を保有する者としてその意義を生かし、研鑽を続けていくのです。

Having（資源をもっと活用するために）

【資格】のストレングスは、資格取得までの段階と、資格取得後の段階とで、それぞれ伸ばすときに必要な資源が異なります。

〈資格取得まで〉

　資格を取得するまでの段階では、必要な知識を積極的に学ぶ【学習意欲】や、コツコツと学習を継続する【忍耐力】が役に立ちます。できれば、資格は【経済力】を高めるために活用しましょう。たとえば、インストラクターをしてみるのも OK です。

〈資格取得後〉

　未経験の分野は、資格があっても不安が尽きないものですが、【好奇心】や【勇敢さ】を発揮すれば、楽しみながらチャレンジできます。また、【謙虚さ】や【チームワーク】を生かし、周りの人たちと協力し合えば、専門的な知識や技術をさらに発揮しやすくなります。資格を自分の「誇り」として活用しましょう。

ダークサイド（注意点）

〈資格を取得して満足してしまう〉

　資格が人生に役立つか考えないまま、取得しただけで満足してしまう場合があります。資格を取得するほど、自分が優れた人間になれたと勘違いしてしまうのです。

　しかし、どれだけ資格を取得しても大切なのは、人生をよりよいものにする「手段」として活用できるかどうかです。取得する前後でじっくり検討しましょう。

27. 経験（Experience）

【経験】のストレングスを理解していただくために、「体験」と比較しながら説明したいと思います。

体験は、体を使って活動に参加することを指します。「見る」「聞く」などの五感や、手足を使った「行動」などがあれば、十分に「体験」と言えます。一方、経験は体験を通じて、知識や技術を得ることを指します。

　たとえば、海外旅行をして「面白かった」で終わってしまえば「体験」に留まってしまいます。しかし、海外旅行で見聞きしたことを振り返ってみて、それを基に「文化の違いをマーケティングに生かせないか?」「格差をなくす活動がしたい」など、人生に変化をもたらす新しい発想を得られたならば、それは【経験】がストレングスになったと言えるでしょう。

 Being（本質）

〈実際の体験から学ぶことを重視する〉

【経験】を活用できる人は、自分自身の実体験から学ぶことを重視します。人から聞いた、あるいは書籍で調べた内容だけで本当に理解できたとは考えません。

　自分が体験する中で湧き起こる感情や浮かんでくる思考などを、自分なりに整理できたときに初めて、「本当に理解できた」と思えます。

〈経験して世界が広がることを楽しむ〉

　どんな経験であっても、自分の世界を広げてくれるものとして歓迎し、楽しむことができます。たとえ、ネガティブな体験をしても、これまで気づかなかった「平凡な日常のかけがえのなさ」などを学ぶ、貴重な経験として受け止められるのです。

 **Doing（行動）**

〈知識や技術を積極的に試し、アップデートする〉

　学校や書籍などで学んできた知識や技術を、必要とされる場面で積極的に試します。

　うまくいかないことも、改善点を見つけるための大切な経験として受け止め、試行錯誤を繰り返しながら、自分の持つ知識や技術をその場のニーズに合った形へとアップデートします。

〈さまざまな経験から新たなアイデアを生み出す〉

　アメリカの実業家ジェームス・ウェブ・ヤングは、著書『アイデアのつくり方』（CCCメディアハウス）で、「アイデアとは既存の要素の組み合わせである」と述べています。

　つまり、アイデアは0から生み出すものではなく、すでにある1を組み合わせるものだということ。たとえば、「肉じゃがを作りたいけれど牛肉がない」というときに、過去に鶏肉の煮物を食べた経験を思い出せば、「鶏肉でもおいしく作れるかも！」とアイデアが浮かぶかもしれません。

　さまざまな経験を重ねるほど、自分の中に「既存の要素」が増え、新たなアイデアを生み出せる可能性が高まるのです。

 Having（資源をもっと活用するために）

　多くの経験を重ねるには、新しい環境へ飛び込んでいく【好奇心】や【勇敢さ】が役に立ちます。また、経験するために必要なお金を用意するための【経済力】や、新しい経験へと誘ってくれる【人的ネットワーク】も、【経験】のストレングスを育

んでくれるでしょう。

ダークサイド（注意点）

〈経験が単なる自慢話で終わってしまう〉

　せっかくの経験が、単なる自慢話のネタで終わってしまうことがあります。過去の経験を語るだけでなく、そこから学んだ知識や技術を「今」に生かしていくよう心がけましょう。

28.人的ネットワーク（Network of personal contacts）

【人的ネットワーク】とは、学校や職場、地域などで得られた持続的で幅広い人間関係を指します。「人脈」とも呼ばれるものです。

　人間関係に関するストレングスとしては【チームワーク】もありますが、チームワークのストレングスは、共通する課題の達成を目指して、集団内で強いつながりをつくるためのものでした。一方で【人的ネットワーク】には、共通の課題は必要ありません。ただ、緩やかにつながることを目指します。また、集団内だけでなく、集団の外へも関係を広げていきます。

 Being（本質）

〈他者との"強固ではない"つながりに価値を見いだす〉

「あまり会わない人とつながる必要はないのでは？」と考える人は少なくありません。しかし、緩やかで利害のない関係性だからこそ、自分の弱い部分を見せやすく、素直に助けを求められるメリットがあります。

　また、社会学者マーク・グラノヴェッターは、「弱い紐帯の強み（The Strength of Weak Ties）」という概念を提唱しました。これは、つながりが弱い人たちの方が、キャリア形成について価値のある意見や情報を与えてくれるというもの。普段から顔を合わせる強いつながりの人たちとは、考えが似通ってしまい、意見を求めても新たな発想が出てきづらいからです。近い存在だからこそ、気を使って率直な意見を言えないということもあるでしょう。

【人的ネットワーク】を活用できる人は、さまざまなメリットをもたらしてくれる「緩やかなつながり」を軽視しません。たまにしか会わない人とでも、つながりを保ち続けるように心がけています。

 Doing（行動）

〈他者に協力や助けを求められる〉

【人的ネットワーク】を活用できる人は、自分の弱い部分を理解し、必要に応じて他者に協力や助けを求められます。自分一人ではどうにもならない状況に置かれても、助けてくれる他者を見つけ、サポートを受けながら、行き詰まった現状を打開できます。時にはシナジー効果を得られることもあるでしょう。

〈つながりによる安心感がチャレンジを促す〉

　直接的なサポートを受けなくても、「もし失敗しても相談できる人たちがいる」という安心感が土台となって、チャレンジへの不安を取り除いてくれます。【人的ネットワーク】は、「本当にやりたいこと」へ一歩踏み出すときの支えになるのです。

Having（資源をもっと活用するために）

【人的ネットワーク】をさらに発揮するときには、次のような
ストレングスが役立ちます。

● 人と関わるストレングス
【親切さ】や【社会的知性】といった《人間性》の美徳は、【人
的ネットワーク】の構築や維持に大いに役立ちます。人と楽し
みながら交流できる【ユーモア】も、あなたにかけがえのない
人との出会いをもたらしてくれます。

● 新しい人や環境との出会いを楽しめるストレングス
　新たな人との出会いを楽しめる【好奇心】や、社会人サーク
ルや異業種交流会など、新しい環境に飛び込んでいく【勇敢さ】
は、【人的ネットワーク】を広げるサポートをしてくれます。

● 紹介に関わるストレングス
【経験】によるものですが、知人から紹介してもらった仕事は
うまくいくことが多いです。紹介者が事前に魅力やメリットを
説明してくれるため話がスムーズになりますし、期待してもら
いやすいためです。その後の仕事もチャンスが広がります。就
職活動における OB・OG 訪問などに活用すれば、就職や転職な
どに役に立つでしょう。学校推薦という形で内定をもらえる
ケースもあります。また、親戚の紹介で就職できた方も多くい
るので、人からの紹介に対して "ずるい" と思わず、柔軟に活
用するのがよいです。反対に、【人的ネットワーク】を生かして

人に紹介することも、強みをさらに伸ばす機会となるでしょう。

ダークサイド（注意点）

〈自分が成長できなくなる〉

　ちょっとした困難でも他者を頼っていると、自分が成長する機会を失ってしまいます。まずは【勇敢さ】や【忍耐力】などを発揮し、自分で対処するよう努力してみましょう。自分一人では解決できないことだったとしても、他者に丸投げしてはいけません。「自分が責任持って解決する問題だ」「他者はあくまでサポートしてくれるだけだ」という視点を忘れないよう気をつけましょう。

〈他者に頼りすぎて嫌がられてしまう〉

　他者に頼ってばかりだと、「利用されている」と不快な気分にさせるリスクが高くなります。せっかくのつながりも途絶えてしまうかもしれません。他者に頼りすぎないことを念頭に置きつつ、【感謝】のストレングスを発揮して相手が自分にしてくれたことを噛みしめるとともに、自分は相手に何を返せるか考えてみましょう。

29. 技術（Technique）

　【技術】とは、目標を達成するために用いられる、物事を処理・操作する方法や能力を指します。
　一般的に「技術」と呼ばれるものには、次の2つがあります。

- 技術：自然法則や科学などを、人間の活動に役立つようにまとめた方法。客観的な情報として表現・伝達できる
- 技能：長年の経験から体に染み込んだ能力。主観的な感覚として磨かれていく

　これらを自分や他者、あるいは社会にポジティブな成果をもたらすために活用するとき、ストレングスとしての【技術】が発揮されたと考えます。単に技術や技能を高めるだけでは、ストレングスとは言えません。

 ## Being（本質）

〈技術や技能の習得を楽しむ〉

【技術】を発揮できる人は、技術や技能を習得すること自体を楽しめます。そして、今の自分の技術や技能に満足せず、高め続けようと努力します。

〈【技術】を生かした社会貢献を目指す〉

　身につけた技術や技能を、自分だけでなく他者や社会にも役立てることを目指します。

 ## Doing（行動）

〈時代や環境に合った技術を身につける〉

　高度な技術や技能があっても、発揮できる場所がなければ意味がありません。どれだけ水泳の技術があっても、森の中に暮らしているのなら活用する場面はないでしょう。【技術】を発揮できる人は、時代や環境のニーズに合った技術を身につけます。

〈複数の技術を組み合わせて使う〉

　いくつかの技術や技能を身につけることで、必要に応じて技術を組み合わせ、柔軟に活用することができます。

 ## Having（**資源をもっと活用するために**）

〈技術の習得や向上のために〉

　技術の習得や向上には、【学習意欲】【忍耐力】【熱意】が役に立ちます。また、【経済力】も、技術の習得や向上に必要な学びを得るチャンスを増やしてくれます。

〈技能を磨くために〉

【審美性】【スピリチュアル】【経験】があると、主観的な身体感覚に気づきやすくなり、技能を磨く手がかりがつかめます。

ダークサイド（注意点）

〈他者への配慮や人間味が欠けてしまう〉

　目の前の問題を解決するために技術や技能を活用することばかり考え、他者への配慮や人間味が欠けてしまう可能性があります。

　たとえば、仕事でミスをして落ち込んでいる友人に、「こうすればミスをしないよ」と、自分が知っているテクニックを次々紹介しても、友人はポジティブに受け止められない可能性があります。このとき友人が求めているのは技術ではなく、落ち込む気持ちに寄り添い、なぐさめてくれる人かもしれないのです。

【社会的知性】や【思慮深さ】のストレングスを発揮し、相手の気持ちに寄り添った上で技術や技能を使うようにしましょう。

30. 賞(Award)

【賞】とは、ある分野での優秀さ・高い成果・達成度について他者から評価され、贈呈あるいは授与されるものです。

自分一人で「私は○○ができる」と主張しても、周りの人たちは本当に優れているのか判断することができません。「そう思い込んでいるだけでは？」と疑われてしまうこともあるかもしれません。しかし、賞を授与されれば、「優れている」と評価されていることを客観的に証明でき、信頼を得やすくなります。

私たちが持つ優れた能力を、他者にもわかりやすく表現できるのが【賞】のストレングスなのです。

 ## Being（本質）

〈賞を目標として成長できる〉

一定の成果や達成度を示す「賞」の獲得を目標にすることで、自分のモチベーションを高め、着実に成長しようと努めます。目標とする賞を獲得しても、また次の賞を目指して努力を続けます。

〈賞を通して自信や自尊心も高められる〉

賞を得られた事実だけでなく、賞を得るまで努力を継続した"過程"にも目を向け、頑張り続けた自分自身をポジティブな存在として大切にします。「自信」や「自尊心」などの気持ちも育まれていくでしょう。

 **Doing（行動）**

〈優秀な人たちと競うことでスキルを高める〉

　自分一人でコツコツとスキルを高めていると、「このままでいいのだろうか？」と不安になったり、「なんだかモチベーションが上がらない」と挫折しかけたりすることは珍しくありません。

　賞の獲得を目指して優秀な人たちと競い合うことで、目標とすべき姿をイメージしやすくなりますし、「次こそは負けたくない！」という気持ちがモチベーションアップにもつながります。

〈賞で得られた信頼を基に活動の幅を広げる〉

　受賞歴をアピールすることで、自分がどんなスキルを持っているかわかりやすく伝えられます。他者からも「この賞を取った○○さんになら仕事を任せても安心だ」と信頼されやすくなるでしょう。

　その信頼に応える働きを見せることで、さらに責任ある仕事を任せてもらえるようになったり、転職や起業にチャレンジしたりと、活動の幅を広げていくことができます。

 Having（資源をもっと活用するために）

　賞を獲得するには、自分の持つストレングスを、他者から見ても高い評価を受けるに値する状態へと磨いていくことが大切です。そのため、他者からの意見を素直に取り入れる【謙虚さ】があると、賞に近づきやすくなるでしょう。

　また、モチベーション維持に関わる【忍耐力】【熱意】などのストレングスに加えて、【経済力】や【人的ネットワーク】があ

ると、必要な指導や助言を受けやすくなり、優れた成果を出し
やすくなります。数々の受賞歴がある大谷翔平選手などをイ
メージするとわかりやすいでしょう。

ダークサイド（注意点）

〈賞の獲得に夢中になり、他のことが犠牲になってしまう〉

　賞を獲得することに夢中になると、他のことが犠牲になって
しまう危険性があります。

　たとえば、スポーツで賞を得ようと無理をして、心や体を壊
してしまう人がいます。また、賞を逃したときに「〇〇さんが
ミスをしたから！」とチームメイトを責めて信頼関係を失うこ
ともあります。

　そのため、【大局観】を発揮して、賞のために別のことを犠牲
にしないようにバランスを取っていきましょう。

〈賞で得られる名誉や承認だけを求めて成長ができていない〉

　賞によって他者から与えられる名誉や承認で満足してしまい、
自分を成長させたり、幸せにしたりする手段として活用できて
いない場合があります。

【謙虚さ】や【自己統制】などを発揮しながら、自分をよりよ
い状態へと成長させる気持ちを維持しましょう。

Chapter 3

ストレングスの
活用と強化

第2章では、自分が持っているストレングスの基本について理解を深めました。ここからは、ストレングスをもっと積極的に活用・強化する応用編へと入っていきます。

　その前に、みなさんに一つ質問です。「ギャップアプローチ」と「ポジティブアプローチ」を覚えているでしょうか？　第1章に出てきた言葉ですが、忘れてしまった方もいるかもしれませんね。少し復習しておきましょう。

● ギャップアプローチ

　ネガティブなものをなくして問題を解決しようとするアプローチ。他の人と比べてマイナスな部分をゼロにしていくイメージ。

● ポジティブアプローチ

　個人や組織が持っているストレングスを見いだし、伸ばしていくことで環境に適応するアプローチ。たとえマイナスな部分があっても、自分に備わっているプラスの部分をたくさん発揮することで、自分の意義や役割、居場所を見つけていくイメージ。

　ストレングス応用プログラムでは、「ギャップアプローチ」と「ポジティブアプローチ」の両方のよさを生かせます。ここでは、ストレスや悩みなど、ネガティブなものとうまくつき合うためにストレングスを活用する方法を「ギャップアプローチ」、ストレングスを活用して自分らしいポジティブな生き方を実現する方法を「ポジティブアプローチ」としてまとめました。

　ぜひ自分のニーズに合ったところから読んでみてください。

ストレングス応用プログラム
「ギャップアプローチ」

・・・・・・・・・・・・・・・・・・・・・・・・・・・・・・・・・・・・・

「ストレスを少しでも軽減したい」「今抱えている悩みを解決したい」というように、ネガティブなものとのつき合い方に困っている方は、ストレングスを使ったギャップアプローチを試してみましょう。

ギャップアプローチでは、

● ストレングス・コーピング
● 解決志向アプローチ
● ストレングス・SWOT 分析法
● ストレングス・ACT

の 4 つをご紹介します。

ギャップアプローチ①
「ストレングス・コーピング」

●●●●●●●●●●●●●●●●●●●●●●●●●●●●●●●●●

　私たちの人生は、いつでも順風満帆というわけにはいきません。時には逆境に立ち向かわなければならないこともあります。たとえば、「仕事が捗らない」「自分の考えが理解されない」など日々のちょっとしたストレスもあれば、地震や台風といった天災による被害のように、自分の力ではどうにもならない事態が立ちはだかってくることもあります。

　このような逆境に立ち向かう力が、「レジリエンス（Resilience）」です。日本語では、精神的回復力や弾力性、逆境力、耐久力などと表現されています。「元の形に戻る」「跳ね返る」という意味を持つ動詞「resile（リザイル）」が語源で、逆境によって一時的に心に負荷がかかっても、元の状態へと立ち直っていくような、心のしなやかさを示します。

　レジリエンスについては、行動科学やヘルスケアの領域で注目され、世界的に研究が進められています。その多くの研究において、レジリエンスが幸福感や自己成長を促進し、ポジティブな側面を活性化させることが明らかになっています。

　また、イリノイ大学のムーア教授らの研究によると、楽観主義、ポジティブ感情、再認識で構成された「レジリエンス」は、「不安」とマイナスな関係にあり、意思決定や自己統制に関わる「前頭葉」とプラスの関係があることが示されました。つまり、【自己統制】で示した通り、前頭葉を活性化するようなポジティ

ブな思考や行動をすることで、不安の軽減、レジリエンス（逆境力）の向上に役立つ可能性があるのです。近年、ストレスを低減する・物事を肯定的に受け止められるといった、ストレス対処法（ストレス・コーピング）としての効果も期待されてきています。

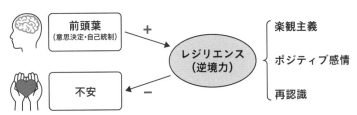

図7　レジリエンス・不安・前頭葉の関係

前頭葉をポジティブに活性化することが、
レジリエンスの向上やストレス（不安）の軽減につながる可能性がある

＋はそれぞれプラスの関係があり、ーはマイナスの関係がある　　　　（Moore,M., et al. 2018）より

　ここまで読んで、「レジリエンスを持っているとよいということはわかったけれど、自分がどの程度身につけているかなんてわからない」という方もいるでしょう。そこで、自分のレジリエンスを簡単に測定できる「ブリーフ・レジリエンス尺度」をご用意しました。早速取り組んでみましょう。

ワーク 1　ブリーフ・レジリエンス尺度日本語版（BRS-J）

❶ 6つの質問に対して、次の1～5で最も当てはまる数字を選択して答えてください。

1：全く当てはまらない

2：やや当てはまらない

3：どちらとも言えない

4：やや当てはまる

5：かなり当てはまる

Q1.つらいことがあった後でも、素早く立ち直れる

Q2.ストレスの多い出来事を乗り越えるのに苦労する（R）

Q3.ストレスが多い出来事から立ち直るのに長くはかからない

Q4.何かしら不遇な出来事が起きたときに立ち直るのは難しい（R）

Q5.ささいな問題があっても、たいていやり過ごせる

Q6.人生における遅れを取り戻すのに時間がかかる（R）

❷ すべて答えたら、数字を合計してみましょう。

ただし、質問の末に（R）がついているQ2、4、6は逆転項目（Reverse）です。Q1、3、5は、点数が高いほどレジリエンスが高いことを示します。一方でQ2、4、6は、点数が高いほどレジリエンスが低いことを示します。測定するものが「逆転」しているのです。そのため、Q2、4、6については、配点も逆転させて合計してください。つまり、「5点→1点、4点→2点、3点→3点、2点→4点、1点→5点」となります。

《合計点：　　　》

❸ 合計点を、表4の基準値と比較してみましょう。

合計点が「高い」「かなり高い」の水準であれば、ストレスの

かかる逆境に直面しても、レジリエンスを活用してうまく立ち直れるでしょう。レジリエンスが「低い」「かなり低い」に該当した方も、心配する必要はありません。レジリエンスは生まれ持った特性ではなく、エクササイズによって今からでも高めることができるからです。

表4　レジリエンス基準値

基準	かなり低い	低い	普通	高い	かなり高い
レジリエンス (BRS-J)基準値	10以下	11〜13	14〜18	19〜21	22以上

　レジリエンスを高める有効なエクササイズが、「ストレングス・コーピング」です。ストレスのかかるネガティブな出来事に対して、ストレングスを活用してコーピング（対処）する力＝レジリエンスを育みます。

　それでは、ストレングス・コーピングのエクササイズを試してみましょう。

ワーク 2　1つのネガティブと4つのポジティブエクササイズ

　今回はストレングス・コーピングのエクササイズの一つ、「1つのネガティブと4つのポジティブエクササイズ」をご紹介します。次の手順で行います。

❶ 最近抱えている「ネガティブな出来事（困難なこと・気がかりなこと・不安なことなど）」を一つ挙げてください。

（例：明日のプレゼンテーションがうまくいくか不安）

❷ そのネガティブに対抗できる 4 つのストレングスを考えて
みましょう（図 8）。
（例：【誠実さ】【自己統制】【ユーモア】【人的ネットワーク】）

❸ それら 4 つのストレングスをネガティブに対してどのよう
に使うか、一つずつ考えてみましょう。
　その際、「〇〇というストレングスを使ったとしたら、どんな
方法がありますか？」と自分に問いかけながら、できるだけ具
体的な方法を見つけてみましょう。
（例：【誠実さ】を活用して、うまく言葉が出なくても最後まで
自分なりに丁寧に伝えられるよう努力しよう……など）

　エクササイズを通じて自分が持つストレングスを特定し、使
い方を考えて実行すれば、レジリエンスを育むことができます。

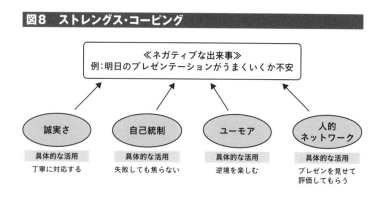

図8　ストレングス・コーピング

≪ネガティブな出来事≫
例：明日のプレゼンテーションがうまくいくか不安

誠実さ	自己統制	ユーモア	人的ネットワーク
具体的な活用	具体的な活用	具体的な活用	具体的な活用
丁寧に対応する	失敗しても焦らない	逆境を楽しむ	プレゼンを見せて評価してもらう

ギャップアプローチ②
「解決志向アプローチ」

・・・・・・・・・・・・・・・・・・・・・・・・・・・・・・

　これまで「悩み」への対応は、悩みの原因を探り、その原因を取り除くことで解決する方法が主でした。しかし、解決志向アプローチ（Solution Focused Approach）は、問題の原因をあまり考えません。それよりも、

● 今持っている資源（リソース）やストレングスを活用する
● 理想とする「目標」や「解決策」を見つける
● 解決に近づくための具体的な行動をする

　の3つに注目し、少しでも理想とする「目標」や「解決」に近づく行動を取ることを目指します。
　ここでは、これら3つの視点を基に生まれた「3つのストレングス」という、解決志向を高めるワークをご紹介します。

ワーク 3　3つのストレングス

❶ 最近、ストレングスを発揮したことは何ですか？　3つピックアップしてください。

　単に「【創造性】のストレングスを持っている」というだけでは、実際に問題解決に使える形にはなっていません。【創造性】を具体的に活用して、解決のアイデアを考えるのがベストです。

（例：自分のブログを立ち上げるために【創造性】を発揮した）

❷ 3つリストアップしたら、それぞれのストレングスに関して、以下の質問に答えてください。

Ｑ１.なぜ、ストレングスを活用できたのでしょうか？
これは、ストレングスを「解決」のために活用しやすくなるリソースとなる、条件や環境などを見つける質問です。
（例：ブログの作り方を教えてくれる人がいた・ネット上にブログの作り方に関する情報をまとめたサイトがあった＝解決をサポートしてくれる他者や情報源があると、ストレングスを活用しやすい）

Ｑ２.ストレングスを発揮したことによる「意味や意義」には、どんなものがありましたか？（意味・意義）
この質問により、ストレングスを発揮したことで、どのように解決に近づけたかを振り返ります。
（例：【創造性】によって、洗練されたデザインのブログに仕上がった）

❸ さらにストレングスを活用するためにできることは何ですか？（強化）
「解決」へとさらに近づくためにできる、具体的な行動を見つけます。
（例：もっと多くの人に見てもらえるブログにするために、【創造性】を生かして SNS も始めてみよう）

解決志向アプローチによって、過去の「できなかったこと」や「失敗したこと」にとらわれず、「これからできること」に目を向ける習慣を身につけられます。その結果、自分自身で未来をつくっていく意欲が高まります。

ギャップアプローチ③
「ストレングス・SWOT分析法」

● ●

「SWOT分析法」は、企業が持つ資源やリスクを把握する際に使う方法です。経営・マーケティング戦略の立案時によく用いられます。

SWOT分析法では、まず企業が持つプラス要因やマイナス要因をすべて洗い出します。それらのプラス／マイナス要因が企業内部にある場合は「内部環境」、企業の外部にある場合は「外部環境」とします。

要因と環境をかけ合わせると、「Strength（強み）」「Weakness（弱み）」「Opportunity（機会）」「Threat（脅威）」の4つに分類できます（表5）。これら4つの頭文字を取って、「SWOT分析法」と呼ぶわけです。

そして、このSWOT分析法を応用した、自分らしい生き方の

表5　SWOT分析法の4分類

	プラス要因	マイナス要因
内部環境	Strength（強み）： 自社の持つ長所・得意	Weakness（弱み）： 自社の持つ短所・苦手
外部環境	Opportunity（機会）： 自社にとって有利になる社会や市場の動き	Threat（脅威）： 自社にとって不利になる社会や市場の動き

表6　ストレングス・SWOT分析法の4分類

	プラス要因	マイナス要因
内部環境	Strength（強み）： 自分に備わっているストレングス	Weakness（弱み）： 自分が発揮できていない ストレングス
外部環境	Opportunity（機会）： 自分の課題達成をサポートしてく れる環境・人間関係・情報など	Threat（脅威）： 自分の課題達成を妨げる環境・人間 関係・情報など

実現に向けて活用するための方法が、ここで取り上げる「スト
レングス・SWOT分析法」です。自分らしい人生の達成を妨げ
る課題を、ストレングスを生かして乗り越えるときに使います。
　ストレングス・SWOT分析法における4分類を、表6にまと
めました。

ワーク 4　ストレングス・SWOT分析法

　では、実際にストレングス・SWOT分析法をフレームに当て
はめながら実践してみましょう。

❶ 今回分析したい課題を設定する
❷ SWOT「Strength（強み）」「Weakness（弱み）」「Opportu-
　nity（機会）」「Threat（脅威）」を特定する
❸「Strength（強み）」を生かした外部環境へのアプローチを考
　える
❹「Weakness（弱み）」によって発生するリスクに活用できる

ストレングスを考える

　今回は、例として「起業したい」という課題を設定し、スト
レングス・SWOT分析法の手順をまとめました。その結果が表
7です。
　なお、事前にWeakness（弱み）への対策を考えて準備して
おけば、過剰にリスクを恐れず、挑戦できるようになります。

　ここでのポイントは、今回扱っているストレングスの組み合
わせを考えて、実行・強化することにあります。ただし、今回
扱っていない資源を組み合わせてもOKです。ストレングスに
おいて、よりシナジー効果を得られるように考えてみましょう。

表7 ストレングス・SWOT分析法のフレーム

		外部環境	
❶課題を設定する (例)起業したい		**❷Opportunity(機会)を特定する** (例) ・起業家交流会に参加している ・一緒に事業をする仲間がいる	**❷Threat(脅威)を特定する** (例) ・資金がない ・起業した経験がない
内部環境	**❷Strength(強み)を特定する** (例) 【学習意欲】 【謙虚さ】 【チームワーク】	**❸「Strength(強み)」を使って機会を最大限に活用するには?** (例) 【学習意欲】を活用して、起業に必要な知識を習得する 【チームワーク】を生かして仲間と効率的に手続きを進める	**❸「Strength(強み)」を使って脅威に対抗するには?** (例) 【学習意欲】によって融資やクラウドファンディングの受け方を学ぶ 【謙虚さ】を生かして、先人から起業までの体験談を聞く
	❷Weakness(弱み)を特定する (例) 【大局観】 【経験】 【経済力】	**❹「Weakness(弱み)」による機会損失を防ぐには?** (例) 【大局観】の不足によって、視野が狭くなり、素直に助言が聞けない ↓ 【謙虚さ】を生かし、どんなことからも学ぶ	**❹「Weakness(弱み)」による脅威に対策するには?** (例) 【経済力】や【経験】の不足によって、事業が行き詰まる ↓ 【謙虚さ】を生かして、専門家にサポートしてもらう

ギャップアプローチ④
「ストレングス・ACT」

● ●

ACT（Acceptance and Commitment Therapy：アクセプタンス＆コミットメントセラピー）は、最近注目が集まっている心理療法の一つです。アクセプタンス（Acceptance：受容）とは、「ありのままを受け入れること」。コミットメント（Commitment：責任・関与）とは、「人生に責任を持ち、自ら関わること」を指します。ACTでは、ネガティブなものがあっても「取り除こう」「回避しよう」とはせず、「ネガティブなものがあるなぁ」とそのまま受け止めます。その上で、ネガティブなものに左右されず、自分の人生にとって有意義なものを、責任を持って選び取っていくことを目指します。

また、心理的な苦しみは「FEAR」が引き起こすと考えます。FEARは「恐れ」という意味の英単語であると同時に、恐れを引き起こす4つの原因の頭文字でもあります。詳しく見ていきましょう。

Fusion with your thoughts
F：ネガティブな思考とフュージョン（融合）している

本来、思考は頭の中の単なるイメージにすぎません。しかし、思考と現実のフュージョン（融合）が起こると、ネガティブな思考をさも絶対的な真実のように受け止めてしまいます。その結果、「今の自分には無理」などの思考が浮かぶと、行動できなくなってしまうのです。なお、ここでの「フュージョン（融合）」

とは、怒りや嫉妬などのネガティブな感情が融合して、がんじがらめになっている状態をイメージしてみるとわかりやすいでしょう。

Evaluation of experience
E:経験をネガティブに評価してしまう

目標が高すぎると、これまでの成果を「無駄だった」「何もできていない」などネガティブに評価してしまいます。その結果、無力感にさいなまれて、次の行動を取るのが怖くなります。

Avoidance of your experience
A:ネガティブな体験を回避してしまう

「絶対に失敗したくない！」「不安を感じるのは嫌だ」とネガティブな体験を回避していると、「今まで通り」に固執するしかありません。その結果、何一つ新しいことにチャレンジしなくなり、成長もできなくなってしまいます。

Reason-giving for your behavior
R:行動にネガティブな理由を与えてしまう

不安や緊張を感じたときに、「こんなに不安になるなんて私には才能がないに違いない」「こんなに緊張していたら、どうせ失敗するから今日はやめよう」など、ネガティブな理由をつけて、行動するのをやめてしまいます。

これらの FEAR に飲み込まれるのを防ぐための行動指針が、次の「ACT」です。実は ACT は、「アクセプタンス＆コミットメントセラピー」の略称としての意味を持つだけでなく、アクセプタンスとコミットメントを実現するための、3つの行動を示す略語でもあります。

A：自分の反応に気づいて、今この瞬間を受容する

　頭の中に浮かぶ思考にとらわれず、「今、この瞬間」に実際起こっていることに意識を向けていきます。ネガティブな思考や感情も、否定することなく受け入れます。

　「FEAR」のうち、「F：ネガティブな思考とフュージョンしている」の対策として効果的です。

C：価値づけられた選択をする

　自分なりの「何をしたいのか」「本当に大切なものは何か」という価値をはっきりさせ、その価値や意義を満たせるような選択をします。

　「FEAR」のうち、「E：経験をネガティブに評価してしまう」や「A：ネガティブな体験を回避してしまう」を乗り越えるときに役立ちます。

T：行動する

　ネガティブな思考や感情に妨げられることなく行動します。もし、途中でネガティブな感情や思考に陥っても、有意義な人生にするために進み続けます。

　「FEAR」のうち、「A：ネガティブな体験を回避してしまう」や「R：行動にネガティブな理由を与えてしまう」を防ぎます。

　さて、ACT の概要をご理解いただいたところで、ここからは「ストレングス・ACT」の話に移ります。

　ストレングス・ACT とは、自分のストレングスに気づいた上

で、そのストレングスの活用を妨げる思考や行動と、促進する思考や行動を分析する手法です。

ワーク5 4つの価値観

まずは、自分にとってストレングスを生かして得られる「価値」や「意義」には、どのようなものがあるかを整理します。これは先ほどの「ACT」の、「C：価値づけられた選択をする」ステップです。

❶ 自分のストレングスを一つ選ぶ

（例：【勇敢さ】）

図9　4つの価値観ワークシート

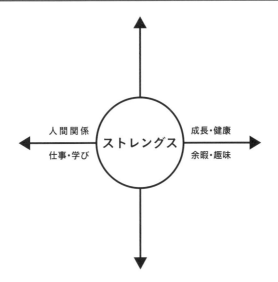

❷「人間関係」「成長・健康」「仕事・学び」「余暇・趣味」という４つの場面で、ストレングスを使って「本当にやってみたい」と思える行動を、図９のワークシートに記入する
（例：人間関係では、【勇敢さ】を使って新しい友人をつくりたい……など）

ストレングス・ACT

【ワーク５】で見つけた、ストレングスを活用して得られる「価値」「意義」を踏まえて、次の４つの質問に対する答えを考え、図10のワークシートを埋めていきましょう。

❶ ストレングスの活用を妨げたり、回避させたりする思考は？
（例：「どうせ自分には無理」「明日やればいいや」）

❷ ストレングスの活用を妨げる行動は？
　ストレングスを活用すべきと気づいているのに、取ってしまう無意味な行動は？
（例：何も行動せずにゴロゴロする）

❸ ストレングスを活用するためのモチベーションを高める思考は？
　ストレングスを効果的に発揮するための思考は？
（例：「千里の道も一歩から」「明日やろうはバカヤロウ！」）

❹ どのような行動を取れば、強みを活用し、目的に近づけるだ

ろうか？

うまくいっており、もっとした方がいい行動は？

（例：とにかく家の外に出ると、行動する気になれる。友人を
誘うと「やるしかない」と思える）

①②は、ACT の「A：自分の反応に気づいて、今この瞬間を
受容する」ステップです。思い浮かんだ思考や行動は、ささいな
ことでも否定することなく書いておきましょう。なかなか思い
つかない場合は、先ほどの FEAR の説明を改めて確認して、自
分のこれまでの経験を振り返ってみましょう。似たような思考
や行動が見つかるかもしれません。

③④は、ACT の「C：価値づけられた選択をする」「T：行動
する」ステップです。自分の行動を後押ししてくれるような思
考や行動を書きましょう。

ストレングス・ACT に取り組むことで、ネガティブ思考が頭
をよぎっても、ストレングスを活用して、自分のやりたいこと
を実現するための行動が取れるようになります。

図10　ストレングス・ACTワークシート

認知・思考

≪質問≫
①ストレングスの活用を妨げたり、回避させたりする思考は？

≪質問≫
③ストレングスを活用するためのモチベーションを高める思考は？

ストレングスを効果的に発揮するための思考は？

私の強み：〔

自分の認識と行動を受け止め、
気づき、観察する

回避

ネガティブな
思考や感情

目標（意味があり、大切なもの）から離れること

ポジティブな
思考や感情

目標（意義があり、大切なこと）に近づくこと

接近

〕

≪質問≫
②ストレングスの活用を妨げる行動は？

ストレングスを活用するべきと気づいているのに、取ってしまう無意味な行動は？

≪質問≫
④どのような行動をすれば、強みを活用し、目的に近づけるだろうか？

うまくいっており、もっとした方がいい行動は？

行動・経験

ストレングス応用プログラム
「ポジティブアプローチ」

・・・・・・・・・・・・・・・・・・・・・・・・・・・・・・・・・・・・・・・

　ここからは、ストレングスを活用して、さらに自分らしい生き方を実現するための「ポジティブアプローチ」を見ていきましょう。

　ポジティブアプローチでは、

● 新しい形でのストレングス活用
● ストレングスの組み合わせ
● リフレーミング
● パワフル・リフレーミング
● ストレングス・SMART 法
● ストレングス・ビルディング

　の6つをご紹介します。

ポジティブアプローチ①
「新しい形でのストレングス活用」

・・・・・・・・・・・・・・・・・・・・・・・・・・・・・・・・・・・・

　ポジティブ心理学でよく用いられる、自分自身のストレングスを一つ選択し、これまでとは違う「新しい形」で活用するアプローチです。

　スポーツや勉強でなかなか成果が出ないときに、やり方を変えてみるだけでスムーズに成し遂げられることがあります。ストレングスも、ずっと同じ形で活用するより、さまざまなアプローチを試してみると、新たな可能性や応用法に気づくかもしれません。その結果、今まで以上にストレングスを覚醒させることができるのです。

　たとえば、これまでは独学するときにしか【学習意欲】のストレングスを活用してこなかった人が、興味を持った分野のワークショップに参加するようなチャレンジが当てはまります。

　それでは、ストレングス活用の、新しい実践方法を見つけるワークに取り組んでみましょう。

ワーク7　ストレングスを新しい形で実践する

❶ 自分が持っているストレングスのベスト３を選択しましょう（ベスト法）。

（例：【学習意欲】、【好奇心】、【感謝】）

❷ 選んだ3つのストレングスから一つ選択し、今の時点で活用
　できる方法を検討してみましょう。
（例：普段からお世話になっている人に【感謝】を伝える効果
的なメッセージを考えよう）

❸ 自分自身のストレングスを強化するために、新しくできるこ
　とを広げて考え、図11のように描いてみましょう。
（例：自分を支えてくれた人を改めて確認し、伝えていなかっ
た人に感謝を伝えてみる）

❹ 実行してみましょう。

図11　新しい形でストレングスを活用する

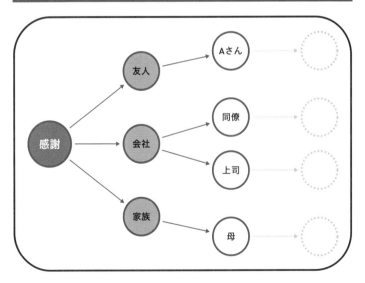

ポジティブアプローチ②
「ストレングスの組み合わせ」

・・・・・・・・・・・・・・・・・・・・・・・・・・・・・・・・

　私が携わっているポジティブ心理カウンセラー協会は、「ポジティブ心理学」と「カウンセリング」を組み合わせたアプローチで実践活動を行っています。

「ポジティブ心理学」は、心理学における一つの学問領域でしかなく、知識や理論を深めていくことがメインテーマになります。しかし、そこに「カウンセリング」を組み合わせることで、ポジティブ心理学から得られた知識や理論を使って、コミュニケーション能力の向上や実際の対人支援などに役立てられます。

　つまり、「ポジティブ心理学の知識や理論」と「対人支援スキルとしてのカウンセリング」という２つを組み合わせることで、それぞれの強みを相乗効果で高められるのです。

　相乗効果はプラスのもの同士で発揮されるわけではありません。時にはマイナスと思えるものでも、うまく組み合わせることで、単体では生まれなかった力を発揮する場合があります。

　例として、私の印象に残っているエピソードを挙げましょう。

　かつて私の講座を受けた方の中に、「夫からDVを受けた」という経験と「営業職での経験」を組み合わせて、シングルマザーの支援団体で積極的に活躍している方がいました。「夫からDVを受けた」という出来事は、一般的に見れば、トラウマ（心的外傷）と呼ばれるようなマイナスの経験でしょう。しかし、彼

女はその経験から、「自分が DV を受けたからこそ、DV 被害を
受けた人の傷ついた心や不安がわかる」というプラスの側面を
見つけたのです。

　そして、そのプラスの側面に、「営業職として培ったコミュニ
ケーションスキル」を組み合わせました。そうすることで、愛
する人に傷つけられた恐怖や、シングルマザーとして生きねば
ならない不安を抱えた女性たちに寄り添いつつ、力強く支える
という、彼女だからこそできる素晴らしい活動に取り組めたの
です。

　数学の世界では、「マイナス×プラス」は「マイナス」になっ
てしまいます。しかし、ストレングスの世界では、「マイナス×
プラス」は「プラス」になり得るのです。

　それでは、実際にあなたのストレングスを組み合わせてみま
しょう。

ワーク8 ストレングスの組み合わせ

❶ これまでのプラスの経験やストレングスを組み合わせてみ
　ましょう。組み合わせてどんなことができるでしょうか？
　（図 12）
　（例：ポジティブ心理学×カウンセリング→ポジティブ心理カ
ウンセラー）

❷ これまで自分がマイナスの経験だと感じていたことに、スト
　レングスやプラスの経験を組み合わせて、新たに「できるこ

189

と」を見つけてみましょう。

（例：DV を受けたマイナスの経験×営業職で培ったコミュニケーションスキル→シングルマザーの支援活動）

　これまで自分を苦しめるマイナスの体験だと思っていたものから、プラスの側面を見つけ出すのは難しいと感じる方もいるかもしれません。そんなときは、次の「リフレーミング」を試してみましょう。

図12　強みの要素を組み合わせる

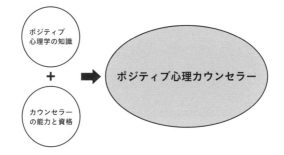

ポジティブアプローチ③
「リフレーミング」

・・・・・・・・・・・・・・・・・・・・・・・・・・・・・・・・・・・

　私たちは、出来事を自分なりの捉え方で認識します。この捉え方を「フレーム」と言います。たとえば、目の前を横切る黒猫を見かけたとき、ポジティブなフレームを持つ人は、「かわいい猫を見た」とうれしくなるかもしれません。一方、ネガティブなフレームを持つ人は、「不吉なことが起こるかもしれない」と不安になる可能性があります。同じ出来事に遭遇しても、フレームが違えば、受け止め方が変わるのです。

　そんな自分なりの考え方を活用する、つまり、ネガティブな体験からもポジティブな側面を発見して活用する方法として、「リフレーミング」というアプローチ法があります。
　リフレーミングとは、これまで身につけてきたフレームとは異なるフレームで物事を捉え直す技法です。
　たとえば、自分の性格を「飽きっぽい」とネガティブなフレームで捉える人は、自分を否定する気持ちが強くなってしまうでしょう。しかし、同じ自分の性格に「好奇心旺盛」という全く別のフレームを採用できれば、ストレングスとして活用する方法を見つけられる可能性が高まります。

　「つまり、ポジティブに考えなさいということ？」と思うかもしれませんが、リフレーミングは、自分が持っているフレーム

を強制的にポジティブへと変えるものではありません。ネガティブなフレーム以外の多種多様なフレームに、「気づく」のが目的です。自分自身を多角的に眺めることで、ストレングスになり得る要素を見つけられるようになります。

リフレーミングができると、逆境に立ち向かう力「レジリエンス」が高まることが明らかになっています（レジリエンスについて詳しく知りたい方は、27ページを参照してください）。困難な事態に直面しても、心や体をうまく立て直すことができるようになるのです。

しかし、自分がリフレーミングできているかどうかは、なかなか認識しづらいもの。そこで、リフレーミング・スキルを簡単にチェックできる「リフレーミング・スキル自己効力感尺度」を開発しました。

このチェックリストを使って、自分が持つリフレーミング・スキルを測定してみましょう。

ワーク 9 リフレーミング・チェック
（リフレーミング・スキル自己効力感尺度）

❶ 10個の質問に対して、次の1〜5で最も当てはまる数字を選択して答えてください。

1：全く当てはまらない
2：あまり当てはまらない
3：どちらでもない
4：やや当てはまる
5：ほとんど当てはまる

Q1：状況を変えることによって、物事を肯定的に考えられ
　　る

Q2：意味を変えることによって、物事を肯定的に考えられ
　　る

Q3：考え方を変えることによって、物事を肯定的に考えら
　　れる

Q4：未来について、肯定的に考えることができる

Q5：行動を変えることによって、自分自身を肯定的に考え
　　られる

Q6：肯定的なところを発見することができる

Q7：どんなことからも、新しい可能性を探すことができる

Q8：さまざまな視点から、肯定的に解釈することができる

Q9：失敗を繰り返すパターンに陥ったとき、すぐに方法を
　　変えることができる

Q10：うまくいかないことをすぐにやめることができる

❷ すべて答えたら数字を合計してみましょう。

合計点（　　　　）

❸ 合計点を表8の基準値と比較してみましょう。

　たとえ、リフレーミング・スキルが「かなり低い」「低い」に
該当する方も、トレーニングによって、リフレーミングする力
を高めることができます。

　ここからは、リフレーミング・スキルを高める3つのチャレ
ンジをご紹介します。できそうなものから取り入れてみましょ

表8　リフレーミング・スキル基準点

基準	かなり低い	低い	普通	高い	かなり高い
リフレーミング・スキル基準値	21以下	22〜26	27〜35	36〜40	41以上

う。

リフレーミング・チャレンジ①
思考を変える

　第1章でもお話ししたように、私たちの心には、ネガティブな部分に注目しやすい傾向、「ネガティビティ・バイアス」が働いています。もともと物事をネガティブに考えるフレームを持っているのです。そのネガティブなフレームを意識して外し、別のフレームで物事を見つめれば、ポジティブな面が見えてきます。

　たとえば、私たちが「避けるべきネガティブな感情だ」というフレームで見ている不安や心配といった感情。これらを別のフレームを通して見つめると、「私たちが危険に巻き込まれないようにあらかじめ警告してくれる大切な感情」というポジティブな面が見えてきます。いろいろな角度から見つめれば、どんなものにも必ずポジティブな面はあると考えます。

　次にご紹介する思考を変えるワークでは、自分を評価するネガティブなフレームを多角的に見つめ、これまで気づかなかったポジティブな面やストレングスの発見を目指します。

ワーク 10 思考のリフレーミング

❶ これまでに失敗したことを思い出してみましょう。そのとき
の自分についてどう感じましたか？

（例：他者の目ばかり気にしていたなぁ……）

❷ ①で出てきた自分への評価を別の角度から捉えてみます。そ
の評価に隠れているストレングスを見つけてみましょう。

（例：【社会的知性】や【思慮深さ】を発揮できているからこそ、
他者をしっかり観察しているのかもしれない）

リフレーミング・チャレンジ②
行動を変える

「やる気が出ないから行動できない」と思ったことはありませ
んか？　私たちは、「やる気」が先にあり、その結果「行動」が
生じると思いがちです。しかし、実際には「行動」こそが、「や
る気」を生むスターターであることが明らかになっています。

　これは脳の働きによるものです。

　何も行動していない状態が続くと、脳の働きが低下します。や
る気を生み出す部位である「側坐核」も働きません。「やる気が
出ないから」と行動しない状態が続けば続くほど、ますますや
る気が出なくなってしまうのです。

　つまり、やる気を出すにはまず行動することが大切です。も
ちろん、気は進まないでしょう。「面倒くさいなあ」「嫌だなあ」
と思うかもしれません。しかし、そんなネガティブな気持ちも、
「4分間」がんばって行動し続ければ解消していきます。なぜな

ら、行動を開始してから4分が経過すると、側坐核が活性化され、やる気が出てくるからです。これを「ズーニンの法則」とい言います。

　やる気が出さえすれば、私たちの行動を妨げるものは何もありません。どんどん行動が促進され、さらに側坐核が活性化されてやる気が出る……といった好循環を生み出せます。

「やる気が出ないから行動できない」から、「行動してやる気を出す」にリフレーミングするため、まずは思い切って行動してみましょう。ただ、やる気が出ない中で行動を起こすのは億劫なもの。そこで、ストレングスを生かし、行動へのハードルを下げてみるのです。

ワーク11　行動のリフレーミング

❶「やる気が出ないから行動できない」と感じた場面を思い出してみましょう。
（例：部屋を掃除したいけど、やる気が起きなかった）

❷自分のストレングスの中で「やる気が出ないから行動できない」と思ったときに、行動のきっかけとして活用できるものを見つけてみましょう。
（例：【誠実さ】）

❸ストレングスを活用して、「やる気が出ないから行動できない」を防ぐ方法をできるだけたくさん考えてみましょう。

（例：【誠実さ】を使って、家族に「これから10分間掃除をする」と宣言するなど）

　ストレングスによって行動を始められれば、やる気は自然と出てきます。取り組むうちにどんどんやる気が湧いてきて、「思っていたよりも長時間がんばれた！」ということもあるでしょう。どのストレングスを使えば、行動が変えられるか考えてみてください。

リフレーミング・チャレンジ③
状況・環境を変える

「周りの人と同じことができない」「いつも私だけ怒られている」というときに、「私がダメだから」と自分を責めていませんか？　もしかすると、状況や環境があなたに合っていないだけかもしれません。

　たとえば、計算が苦手な人が「会計処理」を任されたら、計算に時間がかかったり、計算ミスが多発したりとトラブルが起こりやすくなるのは当たり前のこと。自分のスキルと環境がミスマッチなのです。

　そのため、「私がダメだから」という自己評価のフレームを、「状況や環境が自分に合っていない」とリフレーミングしてみましょう。計算が苦手で「会計処理」の仕事がうまくいかなかった人でも、【社会的知性】や【親切さ】のストレングスが高いなら、「接客」という環境に移ればうまくいく可能性があります。

　また、ストレングスを生かして自分に合った環境を構築して

いくことも大切です。

　たとえば、【誠実さ】を発揮して、他の社員に「申し訳ないけれど私は計算が苦手だから、会計処理の仕事はあなたにお願いしたい。でも、電話対応は得意だから任せてほしい」とお願いすることもできるでしょう。あるいは、【好奇心】を発揮して、新たな会計処理ソフトを導入すれば、もう苦手な会計処理の仕事はしなくてよくなるかもしれません。

　自分へのネガティブな評価から少し距離を取り、環境を見つめ直してみましょう。

ワーク 12 状況・環境のリフレーミング

❶ 今の状況・環境において、ストレングスの発揮を妨げているものは何でしょうか？

❷ どのような状況・環境になれば、ストレングスを発揮できると思いますか？

❸ ②で考えた状況・環境を構築するために、ストレングスを生かしてどんな行動ができますか？　今までより少しでもいい環境をつくるために、何を始められるでしょうか？

　これらの問いを自分に投げかけ、環境の移動・構築を検討してみましょう。

　エグゼクティブ・コーチングの第一人者であるマーシャル・ゴールドスミスは、ツイッターで次のように述べています。

"If we do not create and control our environment, our environment creates and controls us."
"私たちが環境を構築・コントロールしなければ、環境が私たちをつくり上げて支配してしまう。"（著者訳）

ストレングスを生かせない環境で「私はダメな人間」と、ネガティブな自己像をつくり上げて苦しむのはもったいないことです。限りある人生ですから、自分のストレングスを最大限発揮し、活躍できる環境を積極的に探してみましょう。

ポジティブアプローチ④
「パワフル・リフレーミング」

・・・・・・・・・・・・・・・・・・・・・・・・・・・・・・・・・・・・・・

　リフレーミングは、「今の自分」に焦点を当て、「ネガティブなもの」や「弱みと思えること」でもポジティブな側面を見つけること。そして、すでに持っているストレングスを見つけることが目的でした。

　ここからは、ストレングスを自分自身のさらなる成長につなげていくリフレーミング方法、「パワフル・リフレーミング」をご紹介します。今よりも「パワフルな自分」や「成長した自分」になるために活用できる方法です。

　まずは「パワフル・リフレーミングチェック」を使って、自分がどの程度このスキルを持っているか確認してみましょう。答えていく中で、パワフル・リフレーミングがどういったことに注目しているかも見えてくるはずです。

ワーク 13　パワフル・リフレーミングチェック

❶ 今とは異なるフレームで物事を見つめようと努力したとき、あなたに何が起こると思いますか？　1～10の質問に対して、次の1～5で最も当てはまる数字を選択して答えてください。

　1：全く当てはまらない

2：あまり当てはまらない

3：どちらでもない

4：やや当てはまる

5：ほとんど当てはまる

Q1.自分のやる気につながるようなことを見つけられる

Q2.自分にとって役に立ちそうなことを見つけられる

Q3.自分のパフォーマンスを高めることができる

Q4.自分の成長につながるようなことを見つけられる

Q5.新しい可能性につながるようなことを見つけられる

Q6.より最適な目標を見つけることができる

Q7.価値が高まるようなことを見つけられる

Q8.挑戦できることを探すことができる

Q9.物事の意義を探すことができる

Q10.新しい解決策を考えることができる

❷ すべて答えたら数字を合計してみましょう。

合計点（　　　　）

❸ 合計点を表9の基準値と比較してみましょう。

「高い」「かなり高い」に該当する方は、すでにパワフル・リフ
レーミングの視点が十分に身についていると言えます。

　もし、「低い」「かなり低い」に該当した場合でも、次にご紹
介する【ワーク14】に取り組み、「今よりもパワフルな自分」
を見つける習慣を身につければ、パワフル・リフレーミングの

力は自然と高まっていきます。

表9　パワフル・リフレーミング基準値

	かなり低い	低い	普通	高い	かなり高い
パワフル・リフレーミングの基準値	23以下	24〜29	30〜40	41〜46	47以上

ワーク 14　パワフル・リフレーミングを実現する5つの質問

　第2章で見つけたストレングスを基に、自分自身に次の5つの質問を投げかけてみましょう。

❶ もっと発展できるストレングスは？

❷ さらに成長するために使えるストレングスは？

❸ 自分を強化するために使えるストレングスは？

❹ 能力開発に使えるストレングスは？

❺ 今持っているストレングスを2倍にできないか？

　たとえば、【勇敢さ】を持つ人が、「これまでは【勇敢さ】をプライベートにしか活用しなかったけれど、仕事にも活用すれば成長できるかもしれない」「今は【勇敢さ】を自分にしか発揮できていないけれど、他の人にも使えば2倍にできるかもしれない」など、もう一段階レベルを上げた使い方を考えてみるのが、パワフル・リフレーミングです。

　自分に備わっているストレングスを今まで以上に活用できないか考えてみましょう。

ポジティブアプローチ⑤
「ストレングス・SMART 法」

・・・・・・・・・・・・・・・・・・・・・・・・・・・・・・・・

　ストレングス・SMART 法とは、目標設定の方法である「SMART の法則」に基づいてストレングスを活用する方法です。まずは SMART の法則を簡単に解説します。

　私たちは目標を決めてもなかなか達成できません。新年を迎えると「資格の勉強をするぞ！」と決意するけれど、「今日は忙しかったから」などと言って後回しにするうちに、数カ月後にはすっかり忘れている……。そんな人も多いのではないでしょうか。最初は強い決意を抱いていても、時間がたつと決意は薄れ、ついには忘れ去られてしまうのです。

　決意が薄れても目標達成までコツコツと取り組み続ける仕組みを作るのが、「SMART」と呼ばれる次の 5 つの要素です。

- Specific（明確化・具体化）
- Measurable（測定・数値化）
- Attainable（達成可能）
- Relevant（妥当性・関連性）
- Time-bound（期限）

　一つ一つの要素について、もう少し詳しく見ていきましょう。

Specific（明確化・具体化）

　いつ・どこで・誰と・何を・どのように行うかを決めます。その際、誰が見てもわかるような、明確かつ具体的な目標になっていることが重要です。たとえば、「平日の19時に、近所のカフェで、問題集を一人で解く」といった形です。

Measurable（測定・数値化）

　目標の達成度合いを数字で測定できる形にします。たとえば、「問題集を1日に3ページ解く」などの形です。

Attainable（達成可能）

　今の自分のレベルとかけ離れている目標は、挫折のリスクを高めます。勉強の習慣が全くなかった人が、いきなり「毎日10時間勉強する」といった大きすぎる目標を立てても、なかなかうまくいかないでしょう。まずは「毎日1時間は勉強する」など、ちょっと背伸びすれば達成できそうな、現実的な目標を考えることが大切です。

Relevant（妥当性・関連性）

　達成したい「目標」と日々の行動に、関連性や妥当性があるかも重要です。「英会話スキルを高めたい」と思っているのに、「数学を毎日勉強する」という関連性のない目標を立てても意味がありませんし、「英会話スキル」のために「英作文の勉強をする」というのは妥当性が薄く、効果が期待しづらいでしょう。

Time-bound（期限）

いつまでに目標を達成するか、「期限」を設定することも大切です。期限は一つの目標となり、先延ばしを防ぐ効果があります。「3カ月後の試験までに正解率8割を目指す」など、時間を区切っておきましょう。

では、本題である「ストレングス・SMART法」の解説に移ります。ストレングス・SMART法では、次の4つの手順でストレングスを生かした目標達成方法を検討します。

ワーク 15 ストレングス・SMART法による目標設定

❶「やってみたいこと」を見つける

今の自分が「やってみたいこと」や「解決したい問題」などを考え、一つ選びます。
（例：フランスに行くためにフランス語を学ぶ）

❷ ストレングスの評価・選択を行う

自分のストレングスから、①で選んだ「やってみたいこと」に活用できそうなものを選びます。
（例：【学習意欲】【人的ネットワーク】）

❸ SMART の法則で計画を構築する

ストレングスを絡めながら、SMART の法則に基づいた計画を立てていきます。

● Specific（明確化・具体化）：ストレングスを活用してできる具体的な行動

（例：【学習意欲】を生かして、お風呂タイムにフランス語ラジオ講座を聴く）

● Measurable（測定・数値化）：ストレングスを生かした行動を数値化

（例：【学習意欲】を活用して、ラジオ講座の問題集1日分を毎日解く）

● Attainable（達成可能）：ストレングスを生かせば確実に達成できること

（例：【人的ネットワーク】を生かし、他者に「フランスに行く」と宣言してモチベーションを維持する）

● Relevant（妥当性・関連性）：ストレングスと「やってみたいこと」とで関連していること

（例：【学習意欲】が高いため、フランス語を学ぶことは苦ではない）

● Time-bound（期限）：ストレングスを発揮する期限

（例：来年の夏休みにフランスに行く）

❹ さらに学びや経験となるストレングスを検討する

　SMART の法則に基づいた計画を立ててみて、「もっと役立ちそう」「これも使えるのではないか」と気づいたストレングスがあれば、追加してみましょう。

ポジティブアプローチ⑥
「ストレングス・ビルディング」

●●●

　ストレングス・ビルディングは、自分が持っているストレングスを育むためのトレーニングです。第1章の「ストレングスでレジリエンスも高まる」（27ページ）でも少し触れましたが、このトレーニングは、マーティン・セリグマンが2005年に発表した研究結果に基づいており、幸福感の持続や抑うつ感の軽減といった効果が期待されます。

　ストレングス・ビルディングは、これまでご紹介してきたアプローチやワークを活用すると、さらに効果的に取り組むことができます。ストレングス応用プログラムの総まとめとなるトレーニングです。ぜひチャレンジしてみてください。

ワーク16　ストレングス・ビルディング

　ストレングス・ビルディングには、4つのステップがあり、一つのステップにつき1週間継続して取り組むことが推奨されています。

1週目：他者のストレングスを評価する

　他者のストレングスを見つけ、評価するトレーニングから始めます。「灯台もと暗し」という言葉の通り、自分が持っているものや自分の身近にあるものは意外に見つけるのが難しいもの。

はじめてストレングスに触れる人にとっては、他者のストレングスの方が見つけやすいのです。

まずは俳優や歌手などの著名人から観察してみましょう。すでに活躍している人たちなので、ストレングスも見つけやすいはずです。観察したら、「ストレングスは何か」「なぜそう思ったか」を記録します。

慣れてきたら家族や友人など身近な人を観察し、同じように評価します。身近な人ほどストレングスを見失ったり、当然のこととして軽視したりしがちです。ぜひこの機会にじっくり観察しましょう。

2週目：自分のストレングスを探究・活用する

2週目は、自分のストレングスを見つめ、活用方法を探してみます。第2章でご紹介したブリーフ・サスティナブル・ストレングス尺度で特定したストレングスを参考にしながら、

● 自分のストレングスは何か？

● これまでどのように活用してきたか？

を振り返りましょう。

それができたら、次は「これまでとは異なる活用方法」を考えてみます。

たとえば「【親切さ】を他者には使っているが、自分には使っていない」と気づいたら、自分の心や体に寄り添った行動を取ってみてもいいかもしれません。「【勇敢さ】が不足していて一人ではチャレンジできないけれど、【人的ネットワーク】で一緒

にチャレンジしてくれる人を探そう」というように、自分の弱い部分を補うためにストレングスを活用する方法を探すのもいいでしょう。

なお、これは「【ワーク7】ストレングスを新しい形で実践する」（186ページ）とほぼ同じ内容です。すでに取り組んでいる方は、次のステップに進んでも構いません。

3週目：自分のストレングスを課題解決に活用する

自分が抱える課題を挙げ、ストレングスを使った解決策を考えてみましょう。たとえば「人見知り」を課題としている場合、【自己統制】を使って「社交的な人」になりきれば対応できるかもしれません。【経済力】や【人的ネットワーク】を使って、自分の代わりに人と関わってくれるスタッフを雇うのも課題解決に役立つでしょう。

なお、「【ワーク2】1つのネガティブと4つのポジティブエクササイズ」（169ページ）や「【ワーク4】ストレングス・SWOT分析法」（175ページ）に取り組んだ方は、その結果を活用できます。

4週目：自分のストレングスの活用を習慣化する

3週目までは一つ一つの手順を慎重にこなしながら、ストレングスを発揮していました。4週目以降は、意識しなくても自然とストレングスを活用できる状態を目指します。そのために必要なのが、困難や課題に直面したときにも、必要な使い方をすぐに思いつくことです。

4週目は次の3ステップでトレーニングを進めます。

❶ 現状の課題を把握する

　２週目でストレングスを活用してみて、「うまくいかなかったこと」を挙げてみましょう。「一つのストレングスばかり使っている」「ストレングスのダークサイドが目立っている」など、思いつくものを記録しておきます。

❷ ４週目の目標を決める

「３つ以上のストレングスを活用する」など、現状の課題を解決する目標を決めます。

❸ 目標達成を妨げるリスクにどう立ち向かうか考える

　目標達成を邪魔するリスクを事前に検討し、ストレングスを用いた対策を考えてみましょう。たとえば、「疲れていると活用方法を思いつかない」というリスクには、「【自己統制】を活用して休憩時間を確保する」「【謙虚さ】によって家族や友人からアドバイスをもらう」などの対策を思いつくかもしれません。

　リスクを予測する「かもしれない運転」によって安全に車を扱えるように、ストレングスもリスクを事前に予測し、準備をすることで、いざというときにも落ちついて活用できるようになります。

　すでに「【ワーク４】ストレングス・SWOT 分析法」に取り組んだ方は、そこで検討した Weakness（弱み）や Threat（脅威）をリスクとして扱うことができます。

５週目〜：ストレングスの強化を目指す

　５週目以降は、さらにストレングスを強化していくことを目

指します。この部分は「【ワーク14】パワフル・リフレーミングを実現する5つの質問」（202ページ）が役に立つでしょう。

　どれだけスポーツの知識があっても、実際に体を動かさなければ上達しないのと同様に、自分の持つストレングスを頭で理解していても、実際に使ってみなければ、使いこなせるようにはなりません。

「やってみたい」「面白そう」と思えるワークから、ぜひチャレンジしてみましょう。

ストレングスを
生活に生かす

第３章では、ストレングスを使うためのテクニックをご紹介しました。

　テクニックを知っただけで使いこなせる人もいるかもしれませんが、一方で「お手本がほしい」「みんなはどのように使っているんだろう」と思う人もいるかもしれませんね。

　そこで、第４章では事例や実例、研究結果を基に、ストレングスの活用方法を学べるように紹介しています。
「教育」「ビジネス」「社会」という３つの切り口をご用意しているので、気になるところから読んでみてください。

教育に生かす

●●

▌子どものストレングスを生かす

　日本で行われている教育は、文部科学省の「学習指導要領」によって方針が定められています。学習指導要領では、昭和33年の時点で子どもたち一人一人の個性や能力を伸ばす教育を行うことが明文化されており、現在に至るまで「個性を生かす」「個性を尊重する」といった文言が消えたことはありません。

　しかし、実際の教育現場では、「個性」は邪険に扱われているようです。日本では、子どもを「普通」や「常識」の枠組みにはめ込んでいくことを「教育」だと考える傾向があるためです。「普通」から外れた行動が見られれば、それは子どもの「個性」ではなく、「問題」や「異常」だとみなされ、ネガティブな評価を受けてしまうのです。

　しかし、ここまででストレングスを学んできた私たちには、もう見えているはずです。「問題」とされる子どもの行動にこそ、キラキラと輝くストレングスが隠れていることを。

　それでは早速、事例を基に子どものストレングスを生かした教育方法を習得していきましょう。

事例 1

小学生のミー坊はおとなしい男の子です。ふだんは教室の片隅で図鑑を読んでいます。友達から話しかけられても小さな声でしか答えませんが、海の生き物について質問されると元気に話し始めます。授業中はノートに魚の絵を描いてばかりで、ちっとも授業に集中していません。ミー坊が苦手な算数のテストは、問題を全く解かずに魚の絵を描いて提出してくる始末です。

<small>ワーク</small> **1** 子どものストレングスを見つけよう

　教育現場にいる方なら、つい「問題児」と感じてしまうような事例をご用意しました。ネガティブな側面を見つけるのに慣れている私たちの目は、この事例にさっと目を通しただけで「ミー坊が抱えている問題」を次々に捉えているはずです。

　ただしこのワークでは、"問題"ではなくミー坊が持っている"ストレングス"を見つけます。実は魅力たっぷりのミー坊。どんなストレングスが見つかるでしょうか。

　熱心に図鑑を読む姿に、【学習意欲】や【好奇心】を見つけた方もいるかもしれません。友達に海の生き物について教えてくれるのは、【親切さ】の表れでしょうか。魚の絵には【創造性】が隠れているかもしれません。きっと、他にもストレングスがあるはずです。正解・不正解はありませんから、ミー坊の可能性をたくさん見つけてみてください。

子どもにストレングスを伝えよう

　大人が見つけたストレングスは、積極的に子ども自身に伝えましょう。ただし、伝え方も工夫が必要です。

　たとえば、事例1のミー坊には、「いろいろなことに【好奇心】を発揮できているね！」と大人の言葉でシンプルに伝えるよりも、「ミー坊はお魚博士だね！」と伝えた方が心に響くかもしれません。あなたならミー坊に、どんな風に伝えますか？　考えてみましょう。

ワーク 3 ストレングスを活用できるようにサポートしよう

　子どもたちは自分のストレングスに気づいても、どう使えばいいかはわかっていません。子どもがストレングスを生かし、さらに伸ばすことができるように、大人から助言や資源を提供する必要があります。事例1のミー坊のストレングスをサポートするために、あなたならどんな関わり方ができるでしょうか。

　お気づきの方もいらっしゃるかもしれませんが、実は、「ミー坊」は実在の人物。東京海洋大学名誉教授として活躍している「さかなクン」です。この事例は、さかなクンの幼少期のエピソードを、自伝『さかなクンの一魚一会〜まいにち夢中な人生〜』（講談社）よりまとめました。「ミー坊」とは、さかなクンの幼少期のニックネームです。

　今や誰もが認めるさかなクンのストレングスは、自然に育まれたわけではありません。お母さんによる手厚いサポートが、今のさかなクンをつくり上げています。

自伝によると、さかなクンは最初「タコ」にしか興味がなかったそうです。そんなさかなクンを否定することなく、お母さんは毎日タコ料理を作ったり、毎週水族館に連れて行ったりと、その興味を伸ばす手助けをしていたのです。また、さりげなく「タコさん以外にもいろんなお魚がいるのよ」と声をかけ、たくさんの魚が並んだ下敷きを渡し、さかなクンの興味が広がるような環境もつくっていました。

　さらに、授業中に魚の絵ばかり描いていることを学校の先生に注意されたときにお母さんは、「あの子は魚が好きで、絵を描くことが大好きなんです。だからそれでいいんです」と言い切ります。さかなクンのストレングスが「普通」につぶされないように、子どもに対する強みを理解して、しっかりサポートしていたのです。

 ## ワーク 4　ダークサイドに対処する方法を一緒に考える

「ストレングスを伸ばすのが大事なのはわかったけれど、それだけだと将来子どもが苦しい思いをするのでは」と心配する方もいるでしょう。

　事例1のミー坊も、タコや魚以外に興味を広げられなければ、他の友達との話題についていけず孤立する可能性があります。学力が伸びずに大学進学などの道が閉ざされる不安もあるかもしれません。実際、さかなクンは東京水産大学に進みたいと思っていたものの、学力が足りずに道が閉ざされる経験もしています（その後、東京海洋大学の名誉教授に推薦され、無事に希望の道を進めるようになりましたが）。

　自分自身や状況を客観的に見つめる力が十分に育まれていな

い子どもは、第2章でご説明したストレングスのダークサイド
に陥るリスクが高いのです。

　そのため大人は、子どものストレングスを育むのと同時に、
ダークサイドに立ち向かう力も伸ばす必要があります（子ども
に対する強みの育成）。ただし、勘違いされやすいのですが、こ
れは大人がダークサイドによって発生する問題を解決してあげ
るのとは異なります。

　さかなクンもストレングスを発揮しすぎることで数々の困難、
ダークサイドにぶつかっています。たとえば、水槽を畳の上に
置いていたために畳を腐らせてしまったり、熱帯魚店でアルバ
イトをしていたときには熱帯魚たちが売れていく寂しさに耐え
られず、仕事を辞めようか迷ったり……。さかなクンがそうし
た困難に直面したとき、さかなクンのお母さんは、「こうしなき
ゃダメ」とも「こうした方がいい」とも言わず、さかなクンが
自分で答えを出すまで見守っていたそうです。そして、さかな
クンの出した答えを全力で応援しました。

　では、本題です。事例1のミー坊のダークサイドには、どの
ようなものがあるでしょうか。また、そのダークサイドによっ
て起こる困難に対処する方法として、どんなストレングスが活
用できそうだと思いますか？　考えてみましょう。

親のストレングスを生かす

　子どもの教育において、親が自分のストレングスを生かすこ
とも大切です。

ワーク 5　子どもにとってのお手本になろう

　子どもは身近な人の行動や態度をマネして学びます。そのため、親自身もストレングスを活用している姿勢を見せることが大事なのです。普段からストレングスを使って生活するのはもちろん、子どもと関わるときにもストレングスを発揮しましょう。

　たとえば、さかなクンのお母さんは、さかなクンがタコの動きに興奮していると、「へえ、タコっておもしろいんだねぇ」と【好奇心】を発揮したり、学校の先生に何を言われてもさかなクンのストレングスを守る【勇敢さ】や【愛情】を発揮したりしていました。

　あなたが事例１のミー坊の親なら、どんなストレングスを見せていきたいですか？

ワーク 6　子育ての困難を乗り越えよう

　どれだけ子どもをかわいく思っていても、「思うようにいかない」「どうすればいいかわからない」など、子育てで困難にぶつかり、ネガティブな思いを抱える機会は少なくありません。特に「普通」を押しつける日本社会では、ミー坊のような個性あふれる子どもを支えようとすると、周囲の大人から「甘やかしすぎている」「親のしつけが悪い」といった言葉をかけられることもあるでしょう。すると、「このままで大丈夫だろうか」と不安になったり、「普通の子どもにしなくては！」と焦ったりと、ネガティブな感情にとらわれることが多くなるかもしれません。

　このように子育てにネガティブな気持ちを抱いたときにも、

自分のストレングスを見つめ、それを生かした子育て方法を検討することで、前向きな気持ちを取り戻せることが、東洋大学による社会福祉の研究によって明らかになっています。

では、あなたがミー坊の親になったと仮定してみましょう。ミー坊を育てる中で直面する困難には、どんなものがありそうですか？　それらの困難に対して、自分のストレングスを活用して対処する方法を考えてみましょう。

ストレングスに基づく教育の効果

学業成績への効果

「得意なことや好きなことばかりやらせると、苦手な分野が伸びず成績が下がってしまうのでは？」という不安もあるかもしれません。

しかし、子どものストレングスに基づいた教育による、科学的な効果も実証されています。たとえば、2019 年に発表された論文によると、親が子どものストレングスに基づいた子育てをするほど、子どもの熱心さや忍耐強さが育まれ、それに伴って学業成績も伸びていることが明らかになっています（図 13）。

対人関係への効果

「自分のストレングスばかり大事にしていると、わがままな子になってしまいそう」と心配する声もあるかもしれません。

しかし、小学 5 年生のクラスで、子ども同士でお互いのスト

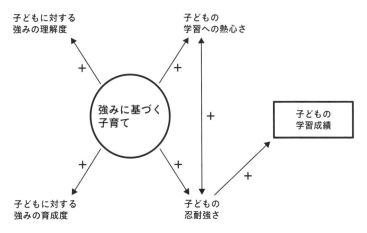

図13　ストレングスに基づく子育てが学業成績に与える効果

子どもに対する
強みの理解度

子どもの
学習への熱心さ

強みに基づく
子育て

子どもの
学習成績

子どもに対する
強みの育成度

子どもの
忍耐強さ

※　＋はそれぞれ関係性があることを示す

（Waters, L. E. et al. 2019より）

レングスに注目できるような時間を取り入れた結果、クラスメイトを認め合う気持ちが育まれることが示されました。また、子どもたちの意欲や楽しさが高まり、クラスの雰囲気がよくなったという報告もあります。

　ストレングスに基づいた教育は、子どもたちの学校での成績はもちろん、友達との良好な関わりや情緒的な発達にも役立つのです。

大人になる準備としての効果

　子どもが夢を語っても、「世の中そんなに甘くない」と否定し、「いい大学に行きなさい」「大企業に入れば安泰」と言い聞かせる大人も少なくありません。

しかし、そのように子どもから人生の決定権を奪い続けると、子どもは社会に出ても幸せを感じられなくなります。2020年に発表された論文では、進学や就職を自分で決定できた人ほど、不安感が低く、前向きな気持ちで過ごしていることがわかりました。その一方で、自分で決定できなかった人ほど不安感が強く、前向きな気持ちを失っているという結果が出ています。

子どもの「したい」を大事にすることは、子どもがポジティブな気持ちで社会を生き抜いていくために必要なことなのです。

子どものストレングスを生かした学校

日本でも、子どものストレングスを生かした教育に取り組んでいる学校はいくつか存在します。ここでは、「軽井沢風越学園」と「おおぞら高校」を取り上げてみましょう。

軽井沢風越学園

3～15歳の子どもが集う軽井沢風越学園は、子どもたち一人一人の「したい」「知りたい」に合わせ、それぞれのペースで学びを深められるカリキュラムが用意されています。また、子どもたちが学び方や行動に迷ったときには、「パートナースタッフ」が相談に乗り、一緒に考えながら、子どもたちをサポートします。

2020年の事業報告書によれば、風越学園に通う子どもたちに学校評価アンケートを実施したところ、「わたしには、いろいろなよいところがある」「わたしは、わたしのことが好きだ」という回答が7～8割を占めていました。また、「わたしは、こ

の１年間で成長した」「幸せな１年間だったなと思う」という回答は、９割を超えています。

　ストレングスを生かす教育によって、子どもの自己肯定感や幸福感を高めることに成功している学校です。

学校法人KTC学園　おおぞら高校

　学校法人KTC学園が運営するおおぞら高校は、通信制高校「屋久島おおぞら高等学校」と、サポート校「おおぞら高等学院」で構成される学校です。屋久島おおぞら高等学校は、脳科学者の茂木健一郎氏が校長を務め、自分の得意を生かした生き方の重要性を、子どもたちに伝えています。

　どちらの学校でも、「なりたい大人になる」をモットーとした教育が行われています。その一例として挙げられるのが、「みらいノート」。子どもたちが「好き」「楽しい」と心が動いた瞬間をノートに記録することで、自分のストレングスに気づけるように工夫しています。また、実際の体験や行動から学ぶ「みらいの架け橋レッスン」や「社会の架け橋プログラム」といった、体験型のカリキュラムも豊富に用意されています。

　卒業生は大学や専門学校への進学に加え、アーティストやイラストレーター、プロボクサーや弁護士など、自分のストレングスを生かせる分野へと飛び立っています。

「普通」にとらわれず、自分のストレングスを生かしたキャリア選択をサポートしている学校なのです。

ビジネスに生かす

・・・・・・・・・・・・・・・・・・・・・・・・・・・・・・・・

▎キャリア形成に生かす

　先ほどの「おおぞら高校」の説明でも少し触れた通り、スト
レングスは「キャリア形成」にも生かすことができます。

　これまで日本人にとって、キャリア形成では「いい企業に入
社すること」が最大の目的とされていました。そうすれば、人
生の幸福や安定が約束されると、みんなが信じていたのです。

　しかし、今はどれだけ「いい企業」に入社しても、必ずしも
幸福や安定が保障されるとは限りません。バブル崩壊、リーマ
ンショック、コロナ禍……。「安定している」「変わらない」と
思い込んでいたものが簡単に崩れていくことを、私たちは目の
当たりにしてきました。

　自分の幸せを社会に任せていてはいけません。どれだけ社会
が不安定になっても揺らがない、人生の指針となる「幸せ」を
見つけ、そこへ向かうキャリアを自ら形成する必要があるので
す。

　自分にとっての幸せを考えるヒントとなるのが、第1章でも
登場した「PERMA理論」です。少しおさらいしておきましょ
う。

ポジティブ心理学の創始者セリグマンが提唱した PERMA 理論では、持続的な幸福感である「ウェルビーイング」は、次の5つの要素で構成されると考えます。

● Positive Emotion（ポジティブ感情）：前向きな気持ちや考え方を持てる
● Engagement or Flow（関与・没頭）：自分の強みを生かした活動に熱中あるいは集中できる
● Relationship（関係性）：良好な人間関係を築ける
● Meaning（意味）：自分の活動や人生に意義を感じられる
● Accomplishment（達成）：目標を達成できる

　セリグマンは、これら5つの要素はストレングスを活用することで高められていくと述べました。
　つまり、私たちがウェルビーイングを得るためには、自分のストレングスを活用できる環境を見つけ、PERMA を追求することが大切なのです。「いい企業に入社すること」は、ウェルビーイングを得るための手段の一つでしかありません。就職するよりも起業する方がウェルビーイングを得られる人もいれば、フリーランスとして活躍する方が適している人もいます。どれが正しい／間違っているということはありません。自分のストレングスを発揮しやすい環境であるかどうかが大切なのです。もし、今の環境では自分のストレングスを生かせないのなら、少しでも PERMA を得られるキャリアを切り拓く必要があるでしょう。

　もう少し具体的にイメージしてもらえるように、私の大好きなマンガ『ONE PIECE』（集英社）を基にした事例をご紹介したいと思います。週刊少年ジャンプで尾田栄一郎氏が1997年から連載している大人気の作品です。

事例2

物語は主人公のルフィ少年が、食べた者に特殊な能力を与える「悪魔の実」の一つ、「ゴムゴムの実」を食べたことから始まります。ゴムゴムの実はその名の通り、全身がゴムのように伸び縮みする能力を与えてくれる実です。
ルフィは幼い頃から「海賊王になる」という夢を持っていました。青年になったルフィは海賊王の夢を実現すべく、一人で船を出し、冒険に出ます。危険の多い海の旅ですが、彼は持ち前の明るさとゴム能力を活用して乗り切ります。腕を伸び縮みさせることで勢いよくパンチする「ゴムゴムの銃（ピストル）」をはじめとする攻撃に加え、強敵が現れるたびにゴム能力を使った新しい技や身体強化の方法を開発して戦闘力を高め、最終的にはどんな強敵も倒してしまうのです。
さまざまな困難を笑い飛ばし、楽しそうに立ち向かっていくルフィのもとには、彼に惹かれた仲間が続々と集まり、海賊王への道を支えてくれています。

　ルフィはもともと「ポジティブ感情（P）」を持っていることに加え、ゴム能力というストレングスを「海賊王になる」という夢のために使い、「関与・没頭（E）」や「意味（M）」も満た

しています。また、どんな強敵でも倒すと決めたら絶対に倒し切ることで「達成（A）」も実現し、その結果、良好な「関係性（R）」も得られています。自分のキャリア実現に向けて、全力でストレングスを活用してPERMAを高め、ウェルビーイングを得ながら、着実に夢へと前進しているのです。

ワーク7 ゴムゴムの実を食べてみよう

まずは頭の体操です。もし、あなたがゴムゴムの実を食べたら、その能力を自分の幸福の実現に向けてどのように活用できるでしょうか。

頭を柔らかくして（それこそゴムのように！）、自由な発想で考えてみましょう。

ワーク8 ストレングスをキャリアの実現に活用しよう

あなたが今持っているストレングスを、自分のキャリア形成の実現に向けて活用するとしたら、どのように使えるでしょうか？

商品・サービスづくりに生かす

自分だからこそ提供できる商品・サービスを作るときにも、ストレングスを発揮できます。特に、第3章でご紹介した「ストレングスの組み合わせ」は、魅力ある商品・サービスづくりに有効です。

日本社会にはたくさんのモノやサービスがあるので、一つのストレングスだけで差別化するのは極めて困難です。たとえば、

洗濯機。単に「服を洗う」という機能だけでは、あっという間に競合他社の製品の中に埋没してしまうでしょう。しかし、「服を洗う」という機能に、新たなストレングスをうまく組み合わせることができれば、非常に魅力的な商品になるはずです。

　たとえば、「オレンジ色」というストレングスを加えてみると、「白やグレーの洗濯機はつまらない！　もっと個性的なものがほしい！」という人たちから人気が得られるかもしれません。

　ストレングスをうまく組み合わせて顧客のニーズを満たせば、その商品には希少価値が生まれます。その結果、ビジネスを発展させることができるのです。

事例3

自閉スペクトラム症の診断を受けたある女性は、主治医から「自閉症の人は木を見て森を見ずと言われるけれど、君の場合は、葉脈を見て森を見ずだ！」と言われるほど、細部に注意を向ける特性がありました。また、活動するとすぐに体調を崩す「体調の乱高下」にも悩んでいました。しかし、彼女はこれらの一見ネガティブな特性を、「健康分野の世界最先端を探せる生存本能に関するセンス」と「超高性能生体センサー」というストレングスとして捉えました。

日々の生活や食事による身体反応のほんのわずかな増減や強弱の変化を観察し、行動や食事内容を調整することで無事に自身の体調を整えられました。そして、その経験から得られた知識や技術を生かして、「自然療法家」として活躍するようにもなりました。

事例3は、自閉スペクトラム症の診断を受けた、キャリアコーチをしている菊地啓子さんが書いた体験記『発達障害というadvantage──動物感覚／鋭敏な感受性を辿った先に私が見たもの出会ったもの』を基にしたものです。

　自閉スペクトラム症やADHD（注意欠如・多動症）などの発達障害を持つ方は、独特の性質「特性」を持っています。「落ち着きがない」「こだわりが強い」など、発達障害の特性は「苦手」や「弱点」として見られがちです。しかし、リフレーミングすれば「好奇心旺盛」「変化を見分けられる」など、ストレングスとして捉え直すこともできます。

　ストレングスとなった特性をうまく組み合わせれば、菊地さんのようにその特性を持つ自分にしかできない、新たなビジネスをつくり出すことも可能なのです。

ワーク9　ストレングスで新商品・サービスを生み出そう

　あなたのストレングスを組み合わせて、新たな商品やサービスのアイデアを出してみましょう。

　もちろん、この本を読んでいる方の中には、「自分でビジネスを立ち上げるつもりはない」という人もいるでしょう。しかし、終身雇用制度が崩壊の一途をたどる中、労働者としての立場を維持するためには、「自分だからこそできる」という強みをアピールする必要は出てくるはずです。どんな立場であっても、自らのストレングスをビジネスに変えていく視点を持っていた方が、将来を生き抜きやすくなるでしょう。

ワーク・エンゲージメントを高める

　ワーク・エンゲージメントとは、仕事に関連するポジティブ
で充実した心理状態を指します。ワーク・エンゲージメントの
研究者であるウィルマー・B・シャウフェリは、ワーク・エン
ゲージメントは、活力・熱意・没頭の3つが揃ったときに生ま
れると述べました。

● 活力（Vigor）：働いている間に湧いてくるエネルギー
● 熱意（Dedication）：仕事に意味や誇りを感じていること
● 没頭（Absorption）：仕事に集中し、のめり込んでいること

　何か気づいたことはありませんか？　これら3つの要素、実
は「PERMA理論」で挙げられている内容ととても似ているの
です。活力は「ポジティブ感情（P）」、熱意は「意味（M）」、没
頭は「関与・没頭（E)」と重なる部分があります。
　もちろん、「達成（A）」や「関係性（R）」も、ワーク・エン
ゲージメント向上に欠かせません。たとえば、2009年に発表
された論文では、ワーク・エンゲージメントを高める要因とし
て、良好な労働環境や人間関係も重要であることがわかってい
ます。

　良好な労働環境とは、
● 仕事に必要なトレーニング
● 仕事の裁量権

● 多種多様な仕事

● 適切な報酬

　などが用意されていることを指します。これらの環境が整っていると、「達成（A)」に近づきやすくなります。

　また、良好な人間関係とは、

● 上司からのコーチング

● 上司や同僚からのサポート

● 仕事に対するフィードバック

　などが与えられる状態です。まさに「関係性（R)」を満たしてくれます。

　つまり、ストレングスを発揮できる仕事と環境を用意できればPERMAが高まり、ワーク・エンゲージメントも自然と向上するということです。実際、ストレングスとワーク・エンゲージメントの関連性を示す研究も多数存在します。

　それでは、ワーク・エンゲージメントについて、再びマンガ『ONE PIECE』を基にした事例を見ていただきましょう。

事例4

主人公ルフィは、「ゴムゴムの実」の能力に加え、【好奇心】や【勇敢さ】、【リーダーシップ】などのストレングスを発揮して、個性豊かな仲間を集めて「麦わら海賊団」を結成します。

高い戦闘力を持つ剣士のゾロ、天気や風を的確に読み取る航海士のナミ、どんな食材もおいしく調理する料理人のサ

ンジ、医療の知識や技術に優れたチョッパー、考古学に関して豊かな知識を持つロビンなど、それぞれがストレングスを発揮しています。そんな中、一人劣等感を抱く船員がいました。ウソップです。

ウソップはパチンコを使った狙撃が得意ですが、ゾロほどの戦闘力はありません。また、手先が器用で船の修理などを担当していましたが、新しく仲間に加わることとなった船大工のフランキーに比べると素人です。彼のワーク・エンゲージメントは次第に低下していきました。

ワーク 10 ワーク・エンゲージメントの低下要因は？

事例4において、ウソップのワーク・エンゲージメント向上を妨げている要因を探してみましょう。

ワーク 11 ワーク・エンゲージメントを高めるには？

もし、自分がこの海賊団の一員なら、ウソップや海賊団全体のワーク・エンゲージメントを高めるために、どのような取り組みができそうですか？　自分やそれぞれのストレングスに注目して考えてみましょう。

事例4を読んで、「ウソップの劣等感を取り除いてあげたい」と思った方もいるかもしれません。しかし、劣等感を抱くこと自体は悪いことではありません。「周囲よりも劣っている」と認識することで、より成長しようとする意欲につながる場合もあ

るからです。

　一方で、自分の劣等感を言い訳に、行動できない理由を探し出す場合があります。このような状態を、心理学者であるアルフレッド・アドラーは「劣等コンプレックス」と呼びました。

　劣等コンプレックスは、「他者との比較」によって起こります。「他者よりも〇〇が足りないから成功できない」など、いつも周りと自分とを比べては優劣を気にしてしまうのです。

　劣等コンプレックスに打ち勝つには、自分と他者を比べるのではなく、過去と今の自分を比べ、少しでも今の自分の方が成長していると思えるように行動することが大切です。

　第3章で学んだアプローチを基に、これまでに発揮できていないストレングスはもっと発揮し、今発揮できているストレングスも別の形で活用するなど、自分が持っているものを最大限に伸ばしていくことが、劣等コンプレックスから自分を解放し、ワーク・エンゲージメントを高めてくれます。

　ご存じの方も多いでしょうが、事例4の後日譚をお話ししましょう。

　劣等コンプレックスにとらわれていたウソップは、あるとき自分の狙撃手としてのストレングスが、先陣を切って戦う仲間たちの援護に役立つと気づきます。そして、これまで以上に狙撃の腕に磨きをかけることで、麦わら海賊団での居場所を取り戻し、ワーク・エンゲージメントも回復しました。ウソップは劣等コンプレックスを乗り越え、自分自身を成長させることができたのです。

ストレングスに基づくビジネスの効果

　多くの研究で、ストレングスに基づいたビジネスの効果が発表されています。

　就職活動中の大学生を対象とした研究では、就職活動でストレングスを生かす方法を検討したところ、不安が軽減したことが示されています。また、自分がストレングスを活用できているという実感がある人ほど、積極的にキャリア形成に向けた行動が取れることも明らかになっています。

　社会人を対象とする研究では、ストレングスを多く活用できている人ほど、仕事への満足度が高いという結果が得られました。

　さらに年収という側面から見てみましょう。年収695万円以上のグループは、年収330万円以下のグループよりも【熱意】【リーダーシップ】【自己統制】【審美性】のストレングスを、より多く活用していることが明らかになりました。やるべきことに向けて自分の心や体をうまくコントロールしながら、必要に応じて他者の力もうまく借りる。そして細やかな変化や美しさに気づくことが、【経済力】を高める一要因となるようです。

　このようにストレングスは、就職前も就職後も、私たちを自分らしいキャリアへと導いてくれるのです。

社会に生かす

・・・・・・・・・・・・・・・・・・・・・・・・・・・・・・・・・・・・・・・

よりよい社会の形成に生かす

　ストレングスは、よりよい社会をつくるためにも活用できます。私は「よりよい社会」の定義として、
● 誰もが希望と可能性を持てること
● 無理なく持続できる社会であること
　の 2 つを挙げたいと思います。
　それぞれについて、詳しくお話しします。

誰もが希望と可能性を持てる社会をつくる

　日本は経済的に見れば、非常に恵まれた国です。たとえば、国の経済規模を示す指標「GDP（国内総生産）」の 2022 年世界ランキングは、アメリカと中国に次いで第 3 位となっており、世界の中でも経済的な優位性を保っています。
　街中を見回せば、人々は誰もが自分の選んだ服を着ています。お腹が空けば飲食店でおいしい料理を食べられますし、退屈すれば手元のスマートフォンで読書やゲーム、動画まで楽しめます。私たちの欲を満たしてくれるモノやサービスがあふれた国です。きっと昔の人々が見れば、「魔法のようだ」と思うような

豊かな暮らしが実現できているはずです。

　それにもかかわらず、残念ながら日本人はそれほど幸せではありません。第1章でもお話しした通り、日本の世界幸福度ランキングは、先進国の中では最下位。ニュースは「少子化問題」「老後問題」「介護問題」など、この国の将来についての不安な話題であふれ、生きていくことにも希望が持てない状況になっています。

充足感による社会の希望と可能性

　なぜ私たちは幸せになれない、幸せを感じられないのでしょうか。

　セリグマンは、幸せを考える上で「快楽」と「充足感」を区別すべきと述べています。

　快楽とは、欲求を満たすことで得られる一時的なポジティブ感情です。たとえば「水が飲みたい！」と強く思っているとき。コップに注がれた冷たい水をごくごくと飲み干すその瞬間、喜びは頂点に達するでしょう。これが快楽です。

　しかし、快楽は一時的なもの。喉が潤ってしまえば、もう水は喜びを与えてくれません。オシャレな服も着ているうちに飽きてしまい、退屈を埋めてくれたゲームも動画もマンネリでつまらないものに思えてきます。快楽は持続しないため、私たちをずっと幸せにはしてくれないのです。むしろ、「もっと快楽を与えてくれるものが欲しい」と尽きない欲求を生み出し、私たちを常に満たされない焦燥感や切迫感へと駆り立てるのです。

　一方、充足感とは、得られた瞬間だけではなく、将来にわた

って私たちの心を満たしてくれるような感覚を指します。ただ
ポジティブ感情だけを与えてくれる快楽とは異なり、充足感は、
時に苦しみや不安などのネガティブ感情をもたらす課題に向き
合うことを強いてきます。

　その課題に対してストレングスを最大限に生かし、無我夢中
で課題に取り組んで「やり切った！」と思えたとき、その結果
がたとえ自分の欲求を満たすものでなくても、充足感は得られ
ます。たとえば、難易度の高い試験に、一切手を抜かず勉強し
続け、それでも試験に不合格だった。そんなときでも、知識や
経験を得られたという充足感が生まれるのです。

　また、充足感はその瞬間だけでなく、将来にわたって私たち
を満たします。日本の大学生を対象とした研究では、現在活動
に打ち込んでいる、あるいは過去に努力したという事実が、さ
らなる目標へ向かっていく気持ちや将来への希望を育むことが
わかっています。充足感を得るための行動は、「希望」や「可能
性」につながっていくのです。

　これまでの日本社会は経済成長によって、モノやサービスに
よる「快楽」を追求してきました。しかし、現代ではモノもサー
ビスも飽和し、「快楽」だけで幸せにはなれそうにありません。
そのことは、先の日本の幸福度が示しているでしょう。むしろ、
次々登場するモノやサービスに疲れすら覚えつつあります。お
酒・ギャンブル・ゲームといったモノやサービスの使用をコン
トロールできなくなる依存症の問題も、深刻化しています。

　これからは、主体的に自己決定し、ストレングスを継続的に
活用することによって充足感が得られる社会、そして誰もが希

望や可能性を見いだせる社会を目指すのが大切だと考えます。

 12 充足感のある活動を考えよう

あなたにとって、充足感を満たせる活動にはどのようなものがありますか？　苦しくても無我夢中で取り組んだ経験や、「やり切った」と思える体験を振り返ってみましょう。

もしなければ、どんな活動なら充足感を満たしてくれそうか考え、取り組んでみましょう。

無理なく持続できる社会をつくる

最近はあちこちで「SDGs」という言葉を耳にします。SDGsとは、「Sustainable Development Goals：持続可能な開発目標」の頭文字を取ったものです。2030年までに誰一人取り残さない持続可能な社会を実現すべく掲げられました。すべての国が取り組んでいく目標であり、もちろん日本でもSDGs達成に向けた取り組みは行われています。

しかし、「開発」そのものに疑問を呈する声もあります。代表的なのが、ウルグアイのホセ・ムヒカ元大統領のスピーチです。彼は開発の名のもとに「消費と発展」を求め続ける社会に、警鐘を鳴らしました。経済を麻痺させないために消費を促し、消費のために長時間の労働を強いられ幸福を見失う人々の例を挙げながら、彼は次のように語りかけたのです。

"発展は幸福を阻害するものであってはいけないのです。
発展は人類に幸福をもたらすものでなくてはなりません。"

本当に持続可能な社会を目指すなら、ムヒカ大統領の言う通り、これ以上の新たな開発を行うのではなく、幸福を見据えた行動を取ることが重要になってきます。

　幸福感を得るためのヒントは、これまで何度もご紹介してきました。そう、ストレングスを活用して PERMA を満たすことです。それによって「持続的な幸福感」は実現します。新たに何かを得ることは難しいですが、すでに持っているストレングスであればいつでも使えます。まさに無理なく持続できるスキルなのです。

ワーク 13 コミュニティのストレングスを探そう

　これまで私たちは、「個人」のストレングスに注目してきました。ここでは、その視野を広げてみましょう。あなたが所属するコミュニティにはどのようなストレングスがあるでしょうか。

　また、コミュニティを今後も持続させていくために、自分やコミュニティが持つストレングスを活用して、コミュニティが抱える課題を解決する方法を考えてみましょう。

ソーシャル・サポートに生かす

　先ほどは国や社会、コミュニティといった「箱」としての社会を見てきました。しかし、私たちが実際に生きる社会は、その箱の中での人との関わりによって形作られています。

　人と人とが互いに支え合える実感こそ、私たちにとっての"よい社会"には必要です。その実現のために、ストレングスを活用する方法を一緒に探してみましょう。

他者を支援できる社会をつくる

　第2章の《人間性》の美徳でお話しした通り、人間は他者に寄り添い、手を差し伸べることに意義を見いだします。ボランティア活動を通じて他者を支援しながら、自分自身も生きがいや充足感といった報酬を間接的に得ているという研究結果もあります。

　しかし、消費社会に身を置き、いつも自分と他者が持っているものを比べているときには、他者を助ける気持ちは失われてしまいます。劣等コンプレックスを刺激され、自分より恵まれた人をねたむ一方で、自分より貧しい人には「自己責任だ」と吐き捨てる。そんな生き方は、一時的には溜飲が下がるかもしれませんが、根本的な解決にはなりません。何度も繰り返しているうちに、誰とも対等な関係を築けないまま、孤独に陥ってしまうでしょう。

　先ほども登場したアドラーは、「所属感とは、生まれながらに与えられるものではなく、自分の手で獲得していくもの」であり、そのために自分が他者に与えられるものを探すことが大事だと述べました。「他者に貢献できた」「自分には価値がある」と思えるとき、私たちは幸せになれると彼は考えたのです。

　ポジティブ心理学の観点からも、このアドラーの指摘は正しいと言えます。ストレングスを用いて「関与・没頭（E）」できる活動を行い、他者に貢献すると、他者との「関係性（R）」や

自分という存在の「意味（M）」を実感できます。そして、無事
に活動を終えると「達成（A）」が高まり、「ポジティブ感情（P）」
が心に湧いてきます。ストレングスを生かして、他者に何かを
与える活動は私たちの PERMA を満たし、幸せをもたらしてく
れるのです。

ワーク 14 社会貢献を阻む要因を解消しよう

　社会や他者に何かを与えようとするときに、その気持ちを妨
げる要因をピックアップしてみましょう。また、ピックアップ
された要因に対して、ストレングスを生かした解消法を考えて
みましょう。

助けを求められる社会をつくる

　警視庁によると、2022 年における日本での自殺者数は 2 万
人を超えています。誰かに助けを求めることなく、自分で命を
絶つ人がこれほど多いという事実からは、「サポートされる」と
いうことの困難さが垣間見えます。
　なぜサポートされるのは難しいのでしょうか。多くの研究で
は、他者に助けを求める難しさの背景には、次の 3 つの要因が
あるといわれています。

● リスクの予期：助けを求めることに不安や抵抗感を抱く
● 利益の見積もりの低さ：「どうせ意味がない」など助けを求
　　　　　　　　　　　　　める前から得られる利益を低く見

● セルフスティグマ：助けを求めることで自分の価値が低下
することを恐れる

　これらの要因を解消して「助けて」と言える社会をつくるためには、「いいところを認めてくれる人」の存在が重要であることが、富山大学の研究により明らかになっています。

　自分を認めてくれる人の存在は、「自分は価値がある存在だ」「自分はここにいてもいいんだ」という確かな自己肯定感を育み、リスクや偏見を恐れずに助けを求める勇気を与えてくれます。得られる利益を信じることもできるでしょう。

　私たち一人一人が他者のストレングスに着目し、認め合うことで「助けて」の声を挙げやすい社会をつくることができるのです。

 ワーク 15 「助けて」を言うためにストレングスを使おう

　自分自身が「助けて」と言うときにハードルとなりそうなものを考えてみましょう。また、ストレングスを使ってハードルを乗り越えるアイデアを挙げてみてください。

　第4章では、ストレングスが教育・ビジネス・社会に役立つことを、事例や研究などを基にお話ししてきました。本書を通して見いだしてきたあなたのストレングスを、生活のさまざまな場面で活用していってください。

【付録】
ストレングス・チェック（心理テスト）

・・・・・・・・・・・・・・・・・・・・・・・・・・・・・・・・・・・

　本書で、ポジティブ心理学における強みについて紹介しました。日本人に向けた調査（14,103人のデータ）を、さらに統合して分析を行ったところ、それぞれのストレングスに関して5つの要素が確認されています。ここでは、その5つの要素を付録として紹介します。心理テストで確認してみましょう。

※STの質問番号は、本書で扱ってきたストレングスの番号です。たとえば、ST1は創造性、ST2は好奇心など、各ストレングスに対応しています。33ページを確認してみてください。

ブリーフ・サスティナブル・ストレングス尺度（5つのファクター版）

　次ページの質問について、あなたにどのくらい当てはまるか以下の番号で回答してください。

　1：全く当てはまらない
　2：少し当てはまらない
　3：どちらとも言えない
　4：少し当てはまる
　5：とても当てはまる

【人間関係力 −Relationship skills−】

ST28:さまざまな人と連携し、人脈ネットワークを生かせる
ST13:他人とチームを組んで活動することで、より成果を高められる
ST23:楽しいことを考え、人を楽しませることができる
ST15:リーダーシップを発揮して、グループの目標達成や人間関係を調整できる
ST10:他の人に愛情を与えること、他の人から愛情を受け取ることが素直にできる
ST12:さまざまな人の気持ちが理解でき、人とのやり取りがうまくできる
ST09:熱意を持って、活発的に行動できる
ST11:親切な対応ができ、人が困っていたら積極的に支援できる
《合計点：　　　　　　》

【探究力 −Inquiry skills−】

ST02:さまざまなことに興味・関心を持ち、好奇心を活用できる
ST03:学ぶことが好きであり、学習したことを活用できる
ST05:さまざまな知識を持っており、知識を活用できる
ST01:独自性を持ち、創造力を実際に活用できる
ST04:困難なことがあっても、経験や知識を生かして臨機応変に行動できる
ST06:自分の信念を貫き、勇敢に行動できる
ST22:希望を見つけ、未来に向けて希望を構築できる
ST24:瞑想や祈りなどをして、精神性を高められる
《合計点：　　　　　　》

【柔軟性 −Flexibility skills−】

ST17:他人からの意見を素直に受け入れるなど、謙虚に対応できる
ST16:他人の失敗に対して寛大であり、相手を許せる
ST21:感謝できることに気づき、感謝を行動で示せる
ST18:物事を台無しにしないように慎重に進められる
ST20:自然や美しさなどの本質を見極め、感動や楽しみを見いだせる
ST14:フェア（公平）な精神を持って、人に接することができる
《合計点：　　　　　　》

【専門力 −Special skills−】

ST29:専門的な技術を持っており、技術を生かせる
ST26:強みとなる資格を持っており、資格を生かせる
ST30:優れた賞を持っており、賞を生かせる
ST25:経済的に自立し、経済的な貢献ができる
ST27:さまざまな経験を持っており、経験を活用できる
《合計点：　　　　　　》

【忍耐力 −Patience skills−】

ST07:物事を、忍耐強く最後まで終わらせることができる
ST08:物事に対して誠実に取り組み、誠実に行動できる
ST19:自分自身を統制して、最適な状況をつくり出せる
《合計点：　　　　　　》

ブリーフ・サスティナブル・ストレングス尺度　　※5つの要素版(14,103名)

	かなり高い	高い	普通	低い	かなり低い
人間関係力	35以上	32〜34	26〜31	22〜25	21以下
探 究 力	33以上	30〜32	25〜29	22〜24	21以下
柔 軟 性	28以上	26〜27	23〜25	21〜22	20以下
専 門 力	19以上	17〜18	13〜16	10〜12	9以下
忍 耐 力	14以上	13	11〜12	9〜10	8以下

　結果はいかがでしたか？　望ましいものでなくても大丈夫です。伸びしろがあると捉え、成長につなげましょう。本書で一貫してお伝えしてきましたが、ネガティブも役に立つのです。あるがままに受け止めて、すべての結果がいいことにつながるようにしていきましょう。

　それぞれの要素についての結果を、別の角度からもう少し詳しく解説します。

1.人間関係力（Relationship skills）

　援助要請の研究などによって、日本人は、他人に SOS を出すのが苦手な傾向にあることがわかっています。恥の文化、誰かに迷惑をかけてはいけないなどの風潮が要因と考えられます。しかし、人間関係に対して、極端な苦手意識を持つ必要はありません。私たちは、同じ世界、同じ時代に生きている存在であり、"お互いさま"の存在です。

　人間関係が気になる人や不安のある人は、むしろ他者や人間関係を大切にしたいと思っているのではないでしょうか。とて

も素敵で素晴らしいことです。点数が低いのであれば、その気持ちを生かして成長していきましょう。

　人間関係力を高めるための簡単なノウハウとしては、まず、誰かに協力やお願いをしてみましょう。誰かの協力を得られれば、気持ちが楽になったり、楽しくなったりします。声をかけられるのを待っているのではなく、こちらから声をかけてみるのがよいです。

　私は、ポジティブ心理カウンセラーやコーチングの講座でも説明していますが、カウンセラーやコーチ、上司・管理職の方の多くは、「自分は相談を受ける役割だ」という意識が強すぎて、周りの人にコンタクトを取れていないケースが多いです。むしろ、カウンセラーや上司から声をかけた方が、相談につながるケースがあります。人間には好意の返報性があるため、こちらから話しかけたり、お願いしたりするだけでも、きっかけが生まれ、人間関係力は高まります。

　その他にも、相手に質問を投げかけたり、強みを褒めたり感謝したりするのは、人間関係力を高める上で、重要な要素になっています。できることから行動してみましょう。

〈コミュニケーション能力を向上させる〉

　人間関係を築くためには、相手とのコミュニケーションが不可欠です。相手の話を聞いたり、相手の気持ちを理解したりするために、質問をしてみましょう。また、自分の考えを明確に表現し、相手に伝えることも必要です。

　他にも、以下の方法があります。

❶ 周りの人を尊重する：人間関係を良好に保つためには、周りの人を尊重することが大切です。相手の意見を尊重し、感謝の気持ちを伝えることで、信頼関係を築けます。

❷ 優しさや思いやりを持つ：優しさや思いやりを持つことも、人間関係を良好に保つためには必要です。自分のことで精一杯になってしまいがちですが、相手に気配りをすることで、相手からも同じように接してもらえるでしょう。

❸ 約束を守る：誠実に約束を守るということは、人間関係を築くために不可欠な要素です。約束を守らないと、相手の信頼を損なうことになります。約束を破ってしまうことがあったのなら、誠意を持って謝りましょう。

❹ 共感力を持つ：共感力を持つことは、人間関係を深める際に必要になります。相手の気持ちを理解して共感することで、相手との絆を深められるでしょう。

❺ さまざまなコミュニティに参加する：コミュニティに参加することで、多くの人との交流を深めることができます。まず、興味・関心があるコミュニティ、同じ課題や問題を抱えている人たちのコミュニティに参加することで、共通性のある仲間に会える可能性があります。

❻ 自分を改善する：自分自身を改善することは、人間関係を築くためにも重要です。心理学やコミュニケーションスキルを学んだり、自分の強みを生かしたりすることで、自分自身を高められます。他者に貢献することは、自尊感情を高めるにはとても効果的です。

2. 探究力（Inquiry skills）

　探究心は、好奇心や学習意欲、クリエイティビティなどに関わる総合的な強みです。これまでの研究で、好奇心は、さまざまな創造性や問題解決に関わることがわかっています。また、好奇心を持つことで、新しいことに興味を持ち、学ぶ意欲が高まります。

　この結果が低くなってしまった人は、学生時代の、学ぶことへの強要などにより、嫌になってしまっているのかもしれません。何かを知る、新しいことを体験すること（アハ体験など）は、成長につながり、脳内のドーパミンも出やすくなります。他にも以下の方法があります。

❶ メリットを見つける：探究力を高めるための最初のステップは、メリットを見つけることです。どんなことが自分にとって役に立つのか、自分に帰属させながら探してみるのがよいです。

❷ 質問スキルを身につける：探究力を高めるには、物事に対して、問いかけをしていくのがいいトレーニングになります。問いかけることで、違う視点に気づけるようになったり、新しい考え方を得られたりします。コーチングやインタビューなどに関わるスキルを習得するのがベストです。

❸ 知識を深める：探究力を高めるには、専門知識を深めたり、新しい知識を発見したりすることがベストです。興味のある分野について、書籍を読んだり、インターネットや AI で調べたりすることで、深い知識を得ることができます。

❹ 多角的な思考を持つ：物事を建設的に疑うこと（クリティカルシンキング）が、探究心に役立ちます。他者やAIなどの回答だけを鵜呑みにせず、違った考え方を持てるようにすることで、新しい探究力が高まります。

❺ 他者のアイデアを聞く：探究力を高めるためには、他者の意見を聞くというのも役立ちます。複数の人と意見交換をすることで、新しい視点やアイデアを得られるためです。実際、カウンセリングやコーチングのワークショップには、さまざまなバックグランドの方々が参加されます。そのようなコミュニティでの交流は、アイデアを深める際にとても役立ちます。

❻ 失敗を恐れない：探究力を高めるためには、失敗を恐れないことも大切です。トラウマになるようないらぬ失敗はしないようにすべきですが、失敗はAIにはない人間の本質であり、新たな発想が生まれるチャンスです。たとえば、付箋紙やペニシリンなども、失敗から生まれた商品です。失敗はすべて教訓として捉えるのがベストです。ある意味、トラウマからも教訓を得られます。

3. 柔軟性（Flexibility skills）

　柔軟性には、先の心理テスト項目の他にも、ピンチはチャンス、ピンチを楽しく捉え、うまく切り替えられたら成長や経験につながるといった要素があります。他にも、以下の方法があります。

❶ 新しいことに挑戦する：同じことばかり繰り返していると、

思考や行動が固定化し、柔軟性がなくなってしまいます。新しいことに挑戦することで、自分の考え方や行動を柔軟にできるのです。たとえば、新しい勉強やスポーツを始める、違う方法で問題解決するなどが挙げられます。新しいことを試して、自分自身を刺激することで、柔軟性を高められます。

❷ レジリエンスを高める：逆境に立ち向かうことで、乗り越える経験が生まれ、さまざまな思考や行動のレパートリーが増えていきます。経験を積むことで行動の引き出しが増え、応用ができるようになるのです。

❸ ポジティブシンキング：ポジティブな考え方をすることで、柔軟性を高められます。マイナスのことを否定するのではなく、うまくいきそうなことやポジティブな面を見つけるようにすることが重要です。

❹ マインドフルネス瞑想：自分の感情や思考に気づき、受け入れることの練習により、柔軟な思考や行動ができるようになります。

4. 専門力(Special skills)

専門的な技術は、専門性を持って社会に貢献できる強みです。心理テストで掲載したもの以外にも、以下の方法があります。

❶ 学びを続けること：専門分野に関する専門書を読むことや、研修会（オンラインなども含む）への参加が重要です。学び続けることにより、新たな専門的な技術を習得できるようになります。

❷ 経験を積むこと：専門分野での実務経験を積むことが、専門

力を高めるためには非常に重要です。実践的な問題に直面し、解決策を見いだすことができるようになります。

❸ ネットワークの構築：目指す専門性（上位集団）が高い人と交流することがおすすめです。優秀な人からやり方を学ぶことが、専門力を高めることにつながるでしょう。

❹ 継続的な学習：専門分野における新しい技術や手法、トレンドなどを常に追跡し、学習することが重要です。継続的な学習を通じて、常に最新の情報やスキルを習得することができます。

❺ コミュニケーション能力の向上：専門分野でのコミュニケーション能力を向上させることが重要です。相手が理解しやすいように専門用語を避けたり、質問をしたりすることで相手の抱えている問題を解決できます。

5. 忍耐力（Patience skills）

近年、SDGs（持続可能な開発目標）、持続的幸福感などが着目されており、「持続できる」ということが重要視されています。持続性は、ただ耐えるのではなく、ワークライフバランスなどを大切にしながら、自分自身に思いやりやねぎらいの心を持って、継続していけるようにすることにも関わります。忍耐力を高めるためには、以下の方法があります。

❶ 目標を設定する：忍耐力を高めるためには、達成したい目標を設定することが重要です。目標達成のためにさまざまな行動をすることにつながるためです。達成することで、そこまでにたどり着くための忍耐力が身につきます。

❷ 時間管理：時間管理は、忍耐力を高める上で非常に重要です。計画を立てて予定通りに実行することで、自己管理能力を高め、忍耐力を養えます。

❸ 集中力を高める：忍耐力を高めるためには、同時に集中力を高めることが必要になります。集中力を高めるには、適度なコーヒーや紅茶などでカフェインを摂取する、ストレスを減らす、運動をする、規則正しい睡眠を取るなどの方法があります。

❹ ポジティブシンキング：忍耐力を高めるためには、ポジティブ思考を持つことが大切です。楽観的に物事を考えることにより、プレッシャーやストレスが減少し、物事を続けるのが楽になります。

❺ 習慣化する：忍耐力を高めるためには、無理なく習慣にしてしまうのもいい方法です。毎日少しずつでも続けることで、自己管理能力が向上し、忍耐力が養われます。

❻ 挑戦する：新しいことに挑戦するのも、忍耐力を高めるために役立ちます。小さいことでも挑戦して達成することに意識を向けましょう。

　本書を手に取っていただき、心より感謝申し上げます。

　これまで、人は「I am OK」（私は OK）であることが大切だと学んできました。確かに、私の研究・調査においても、同じような結果が出ました。しかし現実は、人間は完璧ではなく、弱みや駄目な部分も多くあります。優秀な人たちと比較し、ネガティブな部分を意識してしまう人が多いのではないでしょうか。私自身もそうでした。

　自分に強みはなく弱みしかないと、自分自身を卑下して憐れみ続けていては、永遠に希望は見えません。すると、「自分の人生は真っ暗闇でしかない」と思ってしまうでしょう。しかし、逆に言えば、「強みを生かして、自分の人生を少しずつでもよりよくなるようにすれば、光が差し、楽しいものになる」と言えると思います。

　だからこそ、一度きりの人生において、自分の強みがわからず、自分の強みを発揮せず、自分や他者に貢献できずに終わるのは、とてももったいないことです。

　とはいえ、センシティブになりやすい DNA を持ち、恥の文化を持つ日本人は、「ネガティビティ・バイアス」が発動し、弱みを強く認識してしまうかもしれません。

　強みを認識できなくても、まずは「今ここ」「あるがまま」を大切にして、「弱みやネガティブな自分を受け止めること」「弱みや駄目な部分はたくさんあるけれども、OK にして、前に進んでいくこと」が大切です。自己肯定感が低くても、それを

きっかけに自分の成長につなげ、強みを生かし、自分と他者に貢献することが、本当の自己肯定感を高めることにつながります。

謝辞

　これまで、ポジティブ心理カウンセラー協会への講座に、カウンセラーやコーチの方をはじめ、教育関係者、医療・福祉関係者、司法関係者、専門職者、対人関係職など、さまざまな領域や分野の方にご参加いただきました。参加いただいた皆さまに感謝いたします。これまでご支援をいただき、皆さまと成長できたことは貴重な経験であり、今後も社会に還元できるように努力していきたいと思います。

　そして、クラウドファンディングにご協力いただいた皆さま。出版企画にお声がけをいただいた総合法令出版の原口斗州城さん、担当編集者の石島彩衣さん。臨床心理士であり、ライターの佐藤セイさん、デザイナーの別府拓さん、編集長の酒井巧さんなど、皆さまのサポートをいただき、本書が形となりました。深く御礼申し上げます。

　最後に、すべての方に深く御礼を申し上げるとともに、皆さまが強みを発揮して、人生がよりよいものになることを心から願っております。

2023 年 4 月吉日
　　　　一般社団法人ポジティブ心理カウンセラー協会 代表
　　　　　　　　　　　　　　　　　　　　　徳吉陽河

参考文献

- アダム・グラント（2014）GIVE & TAKE「与える人」こそ成功する時代　三笠書房
- 相澤直樹(2002)自己愛的人格における誇大特性と過敏特性　教育心理学研究　50　pp215-224.
- 荒木友希子・大橋智樹（2001）認知の柔軟性が ストレス耐性に及ぼす影響―研究 2：用途テスト複合数字抹消検査による個人差の検討　pp114-115.
- アンジェラ・ダックワース（2016）やり抜く力　人生のあらゆる成功を決める「究極の能力」を身につける　ダイヤモンド社
- Bandura, A. (1997) : Self-efficacy: The exercise of control. New York : W.H. Freeman
- DIME（2019）：どんなことに役立つ？　失敗から立ち直る力「レジリエンス」を高める方法
- 江本リナ（2000）自己効力感の概念分析 日本看護科学会誌　Vol.20.No.2 pp39-45.
- Esau, Luke, et al. "The 5-HTTLPR polymorphism in South African healthy populations: a global comparison." Journal of Neural Transmission 115.5 (2008): 755-760.
- 遠藤由美（1997）親密な関係性における高揚と相対的自己卑下　心理学研究　第 68 巻　第 5 号　pp387-395
- 外務省 持続可能な開発のための 2030 アジェンダ
- 学校法人軽井沢風越学園 事業報告（2020 年度）
- 畑野相子・筒井裕子(2006)認知症高齢者の自己効力感が高まる過程の分析とその支援　人間看護学研究　4 pp47-61.
- 畑野快・原田新（2014）大学生の主体的な学習を促す心理的要因としてのアイデンティティと内発的動機づけ：心理社会的同一性に着目して　発達心理学研究　25（1）pp67-75.
- Hudson, N. W., Briley, D. A., Chopik, W. J., & Derringer, J. (2019). You have to follow through: Attaining behavioral change goals predicts volitional personality change. Journal of Personality and Social Psychology, 117(4), 839–857.
- 井川純一・中西大輔・浦光博・坂田桐子（2015）仕事への情熱とバーンアウト傾向の関係 ―報酬との交互作用に着目して―　社会情報学研究，Vol. 20，29-42，2
- 一般社団法人日本経営協会（2013）組織・チームにおけるメンバーのあり方と行動についての調査報告書
- 石井敬子（2012）遺伝子と社会・文化環境との相互作用：最近の知見とそのインプリケーション 感情心理学研究 2012 年 第 20 巻 第 1 号 19-23
- 伊藤絵美（2020）セルフケアの道具箱　晶文社
- 伊藤正哉・川崎直樹・小玉正博(2013)日本人大学生における自尊感情の源泉 ―随伴性と充足感を考慮した自尊源尺度の作成― 健康心理学研究　Vol. 26, No. 2 pp73-82.
- 岩田千亜紀(2018)【シンポジウム】高機能自閉スペクトラム症圏の母親のストレングスに焦点を当てた支援のあり方 東洋大学社会福祉研究 11 pp12-18.
- 軽井沢風越学園「わたしたちのカリキュラム」
- 川上恒雄 経営者がもつべき先見性とは～松下幸之助にとって未来は「つくる」もの PHP オンライン衆知
- 風間惇希（2015）大学生における過剰適応と抑うつの関連―自他の認識を背景要因とした新たな過剰適応の構造を仮定して―　青年心理学研究　27　pp23-38.
- 警視庁　令和 4 年の月別の自殺者数について（暫定値）
- 経済産業省中小企業庁：ミラサポ Plus マンガでわかる「SWOT 分析」

⚫ 菊地啓子（2021）発達障害という advantage——動物感覚 / 鋭敏な感受性を辿った先に私が見たもの出会ったもの」教育と医学 no.804 pp54-60.

⚫ 金融庁（2021.1）基礎から学べる金融ガイド

⚫ 岸見一郎・古賀史健（2013）嫌われる勇気　ダイヤモンド社

⚫ 近藤健次・永井由佳里（2018）創造性の育成に関する研究　創造的になるための変容プロセス：mini-c に着目して　日本創造学会論文誌　21 巻 pp. 42-63

⚫ 公益財団法人日本教材文化研究財団（2016.9）学ぶ意欲に及ぼす子育て関連要因の影響に関する研究 調査研究シリーズ No.69

⚫ ラス・ハリス（2012）よくわかる ACT 星和書店

⚫ ラス・ハリス（2012）よくわかる ACT 明日から使える ACT 入門 星和書店

⚫ リー・ウォーターズ著　江口泰子訳（2018）ストレングス・スイッチ　子どもの「強み」を伸ばすポジティブ心理学　光文社

⚫ リオ会議でもっとも衝撃的なスピーチ：ムヒカ大統領のスピーチ（日本語版）

⚫ Lipkus, I. M., Dalbert, C., & Siegler, I. C. (1996). The importance of distinguishing the belief in a just world for self versus for others: Implications for psychological well-being. Personality and Social Psychology Bulletin, 22(7),666–677.

⚫ Locke, E. A., Shaw, K. N., Saari, L. M., & Latham, G. P. (1981). Goal setting and task performance: 1969–1980. Psychological Bulletin, 90(1), 125–152.

⚫ Mark.S.G.(1973)The Strength of Weak Ties American Journal of sociology 78 6 pp1360-1380.

⚫ Marshall Goldsmith（2015）Triggers: Creating Behavior That Lasts--Becoming the Person You Want to Be　Currency

⚫ マーティン・セリグマン（2021）ポジティブ心理学が教えてくれる「ほんものの幸せ」の見つけ方 - とっておきの強みを活かす 第 7 章　パンローリング株式会社

⚫ マーティン・セリグマン著　宇野カオリ監訳（2014）ポジティブ心理学の挑戦 "幸福" から "持続的幸福" へ ディスカヴァー・トゥエンティワン

⚫ Mellers, B., Stone, E., Atanasov, P., Rohrbaugh, N., Metz, S. E., Ungar, L., Bishop, M. M., Horowitz, M., Merkle, E., & Tetlock, P. (2015). The psychology of intelligence analysis: Drivers of prediction accuracy in world politics. Journal of Experimental Psychology: Applied, 21(1), 1–14.

⚫ 三沢良（2019）チームワークとその向上方策の概念整理 岡山大学大学院教育学研究科研究集録　第 171 号 pp23-38

⚫ 宮川裕基・谷口淳一（2016）セルフコンパッション研究のこれまでの知見と今後の課題 −困難な事態における苦痛の緩和と自己向上志向性に注目して−　帝塚山大学紀要　第 5 号　pp79-88.

⚫ Moore, M., Culpepper, S. , Phan, K. L. , Strauman, T. J. , Dolcos, F. , & Dolcos, S. (2018). Neurobehavioral mechanisms of resilience against emotional distress: An integrative brain-personality-symptom approach using structural equation modeling. Personality Neuroscience, 1.

⚫ 望月文明（2011）感謝と幸福感—近年のポジティブ心理学の研究から—　モラロジー研究　68 pp.31-44.

⚫ 文部科学省中央教育審議会（2021.1.26）「令和の日本型学校教育」の構築を目指して 〜全ての子供たちの可能性を引き出す，個別最適な学びと，協働的な学びの実現〜（答申）

⚫ 水野治久監修（2019）．事例から学ぶ 心理職としての援助要請の視点：「助けて」と言えない人

へのカウンセリング 金子書房

森本哲介・高橋誠（2021）自己の強みの受容と本来感、マインドフルネス、体験の回避との関連 日本教育心理学会第 63 回総会発表論文集 p352.

森岡育子・近松正孝・渡辺良子・山本眞利子（2011）ストレングスアプローチにおける小学校教師の学級 雰囲気に対する認識の変化 久留米大学心理学研究 10　pp72-76.

村山綾・三浦麻子（2015）被害者非難と加害者の非人間化 ─2 種類の公正世界信念との関連─　心理学研究

永井智（2020）臨床心理学領域の援助要請研究における現状と課題 ─援助要請研究における 3 つの問いを中心に─ 心理学評論 63(4) pp477-496.

中谷啓子・島田凉子・大東俊一（2013）スピリチュアリティの概念の構造に関する研究 ─「スピリチュアリティの覚醒」の概念分析─ 心身健康科学　9(1) pp37-47.

中澤晃（2016）成人の過剰適応に関する一研究 ─ストレスへの敏感性およびレジリエンシーの傾向の 観点から─ 臨床心理学研究 東京国際大学大学院臨床心理学研究科　第 14 号 pp43－58.

認知行動療法センター　認知行動療法とは

日本財団ジャーナル（2019）：「やりたいことは、今すぐやりなさい」ノーベル平和賞ムハマド・ユヌス氏が、日本の若者に伝えたこと

西川一二・雨宮俊彦（2015）知的好奇心尺度の作成─拡散的好奇心と特殊的好奇心─　教育心理学研究　63 pp412-425.

西村和雄・八木匡（2020）幸福感と自己決定─日本における実証研究（改訂版）

大野真由子（2011）難病者の「苦しみとの和解」の語りからみる ストレングス・モデルの可能性 ─複合性局所疼痛性症候群患者の一事例を通して─ 立命館人間科学研究　23　pp11-24.

大坪庸介（2015）仲直りの進化社会心理学：価値ある関係仮説とコストのかかる謝罪　社会心理学研究　第 30 巻第 3 号 pp191–212.

岡部光明（2015）何が人を幸せにするか？　経済的・社会的諸要因そして倫理の役割復活 明治学院大学国際学研究 48 pp91-109.

Park,N.,Paterson.C., & Seligman,M.E.P(2004).Strength of character and wellbeing. Journal of Social and Clinical Psychology, 23, 603-619.

Park, Peterson, & Seligman（2004）「思考、感情、行動に反映されるポジティブな特性」

ポジティブ心理カウンセラー協会「ストレングスカウンセラー基本講座」 ストレングスカウンセリング講座ワークシート＆マニュアル　テーマ【ストレングスカウンセラー編】2 日目より

PSYCHOLOGY PERSPECTIVE：Acceptance and Commitment Therapy（ACT）

ライアン・ニーミック、ロバート・マグラス著　松村亜里監修（2021）強みの育て方「24 の性格」診断であなたの人生を取り戻す　WAVE 出版

Seligman,. M. E. P., Steen, T. A., Park, N., & Peterson, C. (2005). Positive psychology progress: Empirical validation of interventions. American Psychologist, 60, 410-421.

妹尾香織・高木修（2003）援助行動経験が援助者自身に与える効果：地域で活動するボランティアに見られる援助成果 社会心理学研究　18(2)　pp106－118.

渋井康弘（2017.3）技術の概念 名城論叢　pp75-115.

島井哲史・久保信代（2021）ポジティブ心理学からみた親子の発達支援 教育と医学 804 p17

島津明人（2009）職場のポジティブ心理学：ワーク・エンゲージメントの視点から 産業ストレス研究 16 pp131-138.

下田真由美・平井正三郎（2017）ほめ日記が主観的幸福感などのウェルビーイングに与える影

258

響　東海学院大学紀要 11 pp74-81.

Smith, B., Dalen, J., Wiggins, K., Tooley, E., Christopher, P., & Bernard, J. (2008). The brief resilience scale: assessing the ability to bounce　back. International Journal of Behavioral Medicine, 15(3), 194–200.

Sternberg, R. J. (1986) A triangular theory of love. Psychological Review, 93, 119-135

杉万俊夫 (2010) 集団主義－個人主義をめぐる 3 つのトレンドと現代日本社会　集団力学　第 27 巻　pp.17-32.

ストレングス・スイッチ P144 強みに基づく子育ての 4 つの戦略 強みの足場を組む

高橋誠・森本哲介・田原直久 (2017) 大学生における自己の強みの活用感と認識度が自己形成意識 およびキャリア探索に及ぼす影響 開智国際大学紀要 第 16 号　pp33-40.

高橋誠・森本哲介 (2022) 性格特性的強みと年収、職務満足度、ワーク・エンゲージメントとの関連 －キャリア教育で育成すべき能力とは何か－『人間と環境』16 pp23-35.

高城佳那・熊田博喜 (2016) 自殺予防対策における援助希求の構造と地域の諸特性：先進事例の分析を基に 武蔵野大学人間科学研究所年報 5 pp151-165.

田中研之輔 (2019) プロティアン　日経 BP

友野隆成 (2010) 対人場面におけるあいまいさへの非寛容と特性的対人ストレスコーピングおよび精神的健康の関連性　社会心理学研究 第 25 巻第 3 号 pp221-226.

富山大学 (2022) 若者の援助希求行動 自己肯定感だけでなく信頼できる大人の存在も重要

塚本伸一 (1996) 子どもの自己統制に関する心理学的研究の動向 (1) 上越教育大学研究紀要 15(2) pp305-322.

塚脇涼太・樋口匡貴・深田博己 (2009) ユーモア表出と自己受容、攻撃性、愛他性との関係 心理学研究　第 80 巻 第 4 号 pp339-344.

ヴィクトール・E・フランクル (2002) 夜と霧 [新版]　みすず書房

渡辺弘純 (2005) 希望の心理学について再考する一研究覚書一 愛媛大学教育学部紀要　第 52 巻　第 1 号　pp41-50.

Waters, L. E., Loton, D., & Jach, H. K. (2019). Does strength based parenting predict academic achievement? The mediating effects of perseverance and engagement. Journal of Happiness Studies, 20, 1121-1140.

Wood et al.Wood (2011) Wood, Linley, Maltby, Kashdan, & Hurling (2011) 「その人の能力を最大限に発揮させたり、最高のパフォーマンスを引き出すための特性」

World Happiness Report 2022

山川由紀・山本眞利子 (2016) ストレングスカードと SFA シートを用いた 大学生の就職活動不安低減の試み 久留米大学心理学研究　15 pp35-45.

山本眞利子 (2021) ストレングスアプローチ・ワークブック ふくろう出版

米澤里奈・輿津真理子 (2018) 強みの活用によるレジリエンスへの影響についての展望 心理臨床科学 第 8 巻 pp53-60.

吉川和生・中島敦夫・松本裕子・内田雅三・中村和世 (2013) 美意識を育むためのタキソノミーテーブルの開発実践 ― メタ認知領域に焦点を当てて ―広島大学 学部・附属学校共同研究機構研究紀要 第 41 号 pp151-157.

索引

（用語の他、複数項目にわたって紹介している単語なども併せて掲載しています）

【著者プロフィール】

徳吉陽河（とくよし・ようが）

一般社団法人ポジティブ心理カウンセラー協会　代表理事・講師
一般社団法人コーチング心理学協会　代表理事・講師

専門分野は、ポジティブ心理学、コーチング心理学、キャリア心理学、認知科学など。資格は、公認心理師、キャリアコンサルタント、ポジティブ心理カウンセラー、コーチング心理士、ポジティブ心理療法士、認定心理士（心理調査）、産業カウンセラー、ビジネスマネジャー検定（東京会議所）など多数所持。国際ポジティブ心理学会会員。
大学時代から今までに、カルフォルニア大学バークレイ校教育研修プログラム、ペンシルバニア大学ポジティブ心理学専門コース、ノースカロライナ大学ポジティブ心理学コース、ナラティヴ・セラピー・ワークショップなど、海外のさまざまな研修や国際学会に参加し、心理学、心理療法、コーチングを学ぶ。社会人、大学・看護学校などでの講師を経て、現在は、現場や社会に役立てるため、社会人に向けて「コーチング心理学」や「ポジティブ心理学」、「脳科学」、「心理アセスメント」に関わる実践・研究、普及活動、研修の講師を行っている。加えて、海外の心理尺度の翻訳、実用的な心理テストや性格診断の開発をし、WEB サイト『ペルラボ』にて、心理学とデータ解析に基づいた心理尺度、ストレス研究などを行う。座右の銘は、「我以外皆師也（自分以外はすべて学ぶべき先生であること）」。趣味は、写真撮影（風景・夜景）、ドライブ、カラオケ、食べ歩き、お店や人のいいところ探し。
著書に、『コーチング心理学ガイドブック』監訳、『ナラティヴ・セラピー・ワークショップ BOOK Ｉ』共著（共に北大路書房）、『コーチング心理学ハンドブック』共訳（金子書房）などがある。

●一般社団法人ポジティブ心理カウンセラー協会　ウェブサイト
https://www.positive-counselor.org/
●一般社団法人コーチング心理学協会　ウェブサイト
https://www.coaching-psych.com/
●ペルラボ（心理テストと性格診断の研究サイト）
https://www.shinritest.com/

もっと自分を知って好きになる！
ポジティブ大全

2023年 5 月23日　　初版発行

著　者　徳吉陽河
発行者　野村直克
発行所　総合法令出版株式会社
　　　　〒103-0001　東京都中央区日本橋小伝馬町 15-18
　　　　　　　EDGE 小伝馬町ビル 9 階
　　　　　　　電話　03-5623-5121
印刷・製本　中央精版印刷株式会社

総合法令出版ホームページ　http://www.horei.com/